AF812913

DER WELTMARKT 1913 UND HEUTE

VON

DR. HERMANN LEVY
A. O. PROFESSOR AN DER TECHNISCHEN HOCHSCHULE
IN BERLIN

SPRINGER FACHMEDIEN WIESBADEN GMBH 1926

ISBN 978-3-663-15577-5 ISBN 978-3-663-16149-3 (eBook)
DOI 10.1007/978-3-663-16149-3

SCHUTZFORMEL FÜR DIE VEREINIGTEN STAATEN VON AMERIKA:
COPYRIGHT 1926 BY SPRINGER FACHMEDIEN WIESBADEN
URSPRÜNGLICH ERSCHIENEN BEI B. G. TEUBNER IN LEIPZIG 1926

ALLE RECHTE, EINSCHLIESSLICH DES ÜBERSETZUNGSRECHTS,
VORBEHALTEN

Inhaltsverzeichnis.

I. CHRONISCHE WELTWIRTSCHAFTSKRISIS UND VERRINGERTES WELTHANDELSVOLUMEN

1. DIE WELTWIRTSCHAFTLICHE KONJUNKTUR DER GEGENWART

„Obschon acht Jahre seit dem Waffenstillstande vergangen sind, sind wir noch keineswegs aus unseren Sorgen heraus. Der Schaden, der durch den Krieg dem Handel, dem Geschäft und dem Kredit zugefügt wurde — damit auch den Löhnen und der Arbeiterbeschäftigung —, kann wahrscheinlich erst in Jahren ausgeglichen werden. Es dauerte nach den Napoleonischen Kriegen mindestens 15 Jahre, bis normale Zeiten wiederkehrten." Diese Worte hat der frühere englische Premierminister David Lloyd George unlängst in dem Vorwort zu einem Buche ausgesprochen, dessen Verfasser Parallelen zwischen der Folgezeit der Napoleonischen Kriege und derjenigen des Weltkrieges zieht.[1])

In der Tat, die Dauer der Weltwirtschaftskrisis wird beunruhigend. Sie wirkt vielleicht beunruhigender als die Symptome dieser Krisis selbst, die, wie etwa die Zahl der 1 3000 000 Arbeitslosen in England, der Währungszusammenbruch in der Inflationszeit Deutschlands, das Festliegen einer ganzen „Flotte" von Handelsschiffen in Amerika, wohl Außergewöhnliches bedeuten, aber immerhin als „vorübergehende" Nachkriegserscheinungen begreiflich erscheinen könnten. Das Gefahrvolle, heute alle Länder in Furcht versetzende Moment der Nachkriegsentwicklung der Weltwirtschaft liegt in ihrem chronischen Charakter. Auch die Vergleiche mit früheren Epochen sind hierin kein Trost. Denn während zu Anfang des 19. Jahrhunderts die Wirtschaftsstaaten immerhin den Vorteil einer noch weitgehenden Selbstversorgung hatten, sind sie seitdem so sehr durch Beziehungen des Austausches miteinander verflochten worden, daß die Desorganisation der Weltwirtschaft volkswirtschaftlich weit Schlimmeres bedeutet. Den Gegenbeweis hierfür bie-

1) Vgl. das interessante Buch von Mrs. H. A. L. Fisher, Then and Now. Oxford University Press. London 1925. S. V.

ten die Vereinigten Staaten von Amerika, deren Wirtschaftskonjunktur heute am wenigsten von der Weltwirtschaftskrisis betroffen erscheint, weil sie noch immerhin am stärksten als „in sich geschlossener wirtschaftlicher Weltteil" zu betrachten sind.

Jedoch auch hier in Amerika hat die Nachkriegszeit keineswegs eine Konjunktur gebracht, die auch nur annähernd mit einem der üblichen „booms" der Weltkriegsjahre zu vergleichen wäre, trotz Goldzufluß und trotz der fehlenden unmittelbaren Zerstörungen durch den Krieg. Es wird zwar im Laufe dieser Arbeit noch häufig darauf hingewiesen werden, daß die Union im ganzen als weltwirtschaftlicher Wettbewerber wesentlich von den Ereignissen des Weltkrieges profitieren konnte. Aber diese Tatsache darf nicht darüber hinwegtäuschen, daß die weltwirtschaftlichen Krankheiten der Zeit die Vereinigten Staaten keineswegs verschont haben. Schon die Teuerung ist ein bezeichnendes Symptom. Folgende Ziffern des Professor Irving Fisher können Teuerung und sinkende Dollar-Kaufkraft illustrieren; es betrug:[2])

	Die Indexziffer der Preise in % der Vorkriegszeit, 1913 gleich 100.	Kaufkraft des Dollars in Vorkriegs-Cents, 1913 gleich 100 Cents
1913	100	100
1923	158	63,4
1924 (I. Quartal)	150,5	66,4
1925 (I. Quartal)	161,9	61,8
1925 Juli	160,3	62,4

Auch hier wird die chronische Situation erkennbar. Die Entwertung des Dollars gemessen an der Preisbildung bildet nach wie vor die ernste Sorge amerikanischer Wirtschaftspolitiker. Wie die Teuerung in den Vereinigten Staaten auf die ländlichen Kreise gewirkt hat, hat unlängst Professor Max Sering in seiner vielbeachteten agrarpolitischen Schrift[3]) dargelegt. Er konstatiert, wie sehr die Lebenshaltung auf den Farmen eingeschränkt ist; um an Löhnen zu sparen, überarbeiten sich die Erwachsenen und werden die Kinder aus der Schule gehalten. Im Jahre 1922 wanderten 1,2 Millionen

2) Nach Manchester Guardian Commercial vom 6. August 1925. S. 141.

3) Vgl. Max Sering, Agrarkrisen und Agrarzölle. 1925. S. 38—39. (Verlag W. de Gruyter.)

Menschen von den Farmen in die Städte, im Jahre 1920 standen 4,7% der bewohnbaren Farmhäuser leer, in den beiden folgenden Jahren wurden 5,7 und 7,3% von ihren Bewohnern verlassene Farmen (derelict farms) gezählt. „Das Unheil", so bemerkt Sering auf Grund amtlicher Quellen, „ist durch die Preisverhältnisse herbeigeführt worden, durch gestiegene Produktionskosten und erhöhte Preise für die Notwendigkeiten des Farmhaushaltes".

In Europa ist die Sicht in die Wirkungssphäre der weltwirtschaftlichen Krisis insofern verschleiert, als man zwischen Ländern mit unberührter, gesunder Währung und solchen der Inflation zu unterscheiden hat. Die Inflation hat die Eigenschaft, die Verarmung zu überdecken, was wir in Deutschland am deutlichsten erprobt haben. Heute sind wir ein Land mit zwar stabiler Währung und gesunder Finanzpolitik, aber um so deutlicher erkennbarer Verarmung. Unser Volksvermögen wurde für das Jahr 1922 auf 35 700 Millionen Dollar von einer amerikanischen Quelle gegenüber 77 783 Millionen für das Jahr 1912 geschätzt. Unsere Handelsbilanz ist um mehrere Milliarden Goldmark passiv, während sie angesichts des Schwundes unserer Zahlungsbilanz und im Hinblick unserer uns aufgelegten Auslandsverpflichtungen aktiv sein und unsere Ausfuhr zur Deckung unserer Auslandsverpflichtungen auf fast das $2^1/_2$fache der Gesamtausfuhr des Jahres 1924 gesteigert werden müßte.[4]) Allein, auch hier stößt eine „welt"-wirtschaftliche Bewertung dieser „Verarmung" auf Schwierigkeiten. Denn weltwirtschaftlich gesehen wird natürlich ein großer Teil der Verarmung der besiegten Länder — soweit sie nämlich auf die Schmälerung ihrer Wirtschaftsbasis zurückzuführen ist — eine „Bereicherung" der Siegerländer und ihrer kleineren Verbündeten bedeuten, wie etwa die Abtretung unserer Eisenerzlager in Lothringen an Frankreich, Ackerländer in der Ostmark an Polen, ebenso wie die Zerstückelung Österreichs und die Losreißung Tirols zunächst als „Gewinn" der neu gebildeten Staaten und Italiens zu buchen ist.[5]) Aber gerade weil dies berücksichtigt werden muß,

4) Nach den Angaben der Vereinigung der deutschen Arbeitgeberverbände. Geschäftsbericht. Berlin 1925. S. 142 ff.

5) Daß der Ausgleich bezüglich der Montanindustrie auf dem Kontinent nicht vorhanden war, sondern daß sich die Produktionsverhältnisse, hier weltwirtschaftlich gesehen, durchaus als rückläufig erwei-

ist die zunehmende Inflation in den Siegerländern — Frankreich, Belgien, Italien — als Symptom zunehmender Verschlechterung des Wirtschaftsstatus ins Gewicht fallend. Sie zeigt, daß der Verlust des einen zumindest nicht in der Lage gewesen ist, dem anderen entsprechenden Wohlstand zu sichern. Aber weil auf dem europäischen Festlande durch diese Umstände die eigentliche Wirksamkeit der Weltwirtschaftskrisis und der Konjunkturverschlechterung schwer zu bemessen ist, wirkt das wirtschaftliche Bild des einzigen europäischen Siegerlandes, das heute noch gesunde Finanzen und eine stabile Währung aufweist und keine Gebietsverschiebungen — es sei denn kolonialen Zuwachs — bei der Abschätzung seines Wohlstandes mit zu berücksichtigen hat, das wirtschaftliche Bild Englands also, am charakteristischsten.

Hier ist am beredtesten immer wieder der Stand der englischen Arbeitslosigkeit. Denn in dieser spiegelt sich die Schwierigkeit der gewerblichen Beschäftigung, also auch die Notlage der englischen Exportindustrie. Nach den Angaben der englischen Trade Unions betrug[6]) die Anzahl ihrer unbeschäftigten Mitglieder jeweils

	1913	1923	1924	1925
im Juni	1,9 %	11,1 %	7,2 %	12,3 %

Am 29. Juni 1925 waren nicht weniger als 1 368 000 englische Arbeiter im Arbeitslosenregister eingetragen. Diese Ziffer ist nur das Spiegelbild der industriellen und kommerziellen Lage des Landes gewesen.[7]) Es gibt kaum eine Ziffer der englischen Wirtschafts-

---

sen, zeigt folgende Zusammenstellung. Es betrug die Erzeugung (in 1000 metrischen Tonnen):

	Roheisen		Stahl	
	Monatsdurchschnitt 1913	Dezember 1924	Monatsdurchschnitt 1913	Dezember 1924
Deutschland	1609	803	1578	580
Frankreich	434	665	434	665
Belgien	207	247	205	245

Nach den Ziffern des Economist Monthly Suppl. vom 25. Juli 1925 zusammengestellt.

6) Vgl. Economist vom 18. Juli 1925. S. 101.

7) Vgl. hierzu die Ausführungen des neuesten amtlichen englischen Berichtes: Investigation into the Personal Circumstances of 10 903 claimants to the Unemployment benefit. 1925.

statistik, die das nicht bestätigt. So betrug die Kohlenerzeugung Englands im Monatsdurchschnitt 1913: 24,3 Millionen Metertonnen, im Juni 1925 nur 16,4 Millionen, die Roheisenerzeugung im Monatsdurchschnitt 1913 ca. 870 000 Metertonnen, im Juni 1925 nur 512 000, die Erzeugung von Stahl im Monatsdurchschnitt 1913: 649 000, im Juni 1925 nur 594 000 Metertonnen.[8]) Vor allem aber äußert sich der verschlechterte Status der englischen Wirtschaft im Rückgang seiner Ausfuhr im Vergleich zu der Steigerung seines Wareneinfuhrwertes und in der damit herbeigeführten Verschlechterung seiner Handels- und Zahlungsbilanz. Folgende Aufstellung der Zahlungsbilanz des englischen Handelsministeriums verdient hierbei in erster Linie Beachtung. Es betrug:[9])

	Millionen Pfund Sterling			
	1907	1922	1923	1924
Einfuhrüberschuß	142	171	203	341
Einnahmen aus Schiffahrtsdiensten	85	110	115	130
Einnahmen aus überseeischen Kapitalsanlagen	160	175	150	185
Kommissionen	25	30	30	40
Andere Dienste	10	10	10	15
„Unsichtbare Ausfuhren" total	280	325	305	370
Verfügbares Einkommen für neue Kapitalsanlagen	138	154	102	29

Das erstaunliche Resultat dieser Tabelle ist, daß infolge des außerordentlich gesteigerten Einfuhrüberschusses und der damit einsetzenden Überpassivierung der englischen Handelsbilanz bei gleichzeitig nicht entsprechender Steigerung der Guthaben aus der „unsichtbaren Ausfuhr" die Geldgeberfähigkeit Englands stark erschüttert worden ist. Diese Tatsache hat sich im Jahre 1925 noch erheblich verschärft. Die Werte der Ausfuhr sind gegenüber 1924 nicht nur nicht gestiegen, sondern in den einzelnen Monaten zum Teil erheblich gesunken, während das Plus der Einfuhrwertes sich erhöht hat.[10]) Dazu kommt, daß infolge des Sinkens

8) Vgl. The Economist Monthly Suppl. vom 25. Juli 1925.

9) Vgl. Board of Trade Journal vom 29. Januar 1925.

10) In den ersten sechs Monaten 1925 betrug der Wert der Einfuhr fast 80 Millionen Pf. Sterling mehr, der Wert der Ausfuhr nur 1,6 Millionen mehr als im ersten Halbjahr 1924. Vgl. Economist vom 18. Juli 1925.

der Frachtraten (vgl. näheres weiter unten) ein wichtiger Posten der englischen Zahlungsbilanz sich zumindest nicht verbessert hat, so daß der erhöhten Passivität der Handelsbilanz keine besonderen Erhöhungen an „unsichtbaren Ausfuhren“ gegenüberzustellen sind. Sir Allan Smith, der bekannte wirtschaftliche Sachverständige, hat als Vorsitzender eines Arbeitsausschusses einer großen Angestelltenvereinigung diese Entwicklung im Sommer 1925 einer Schätzung unterworfen, nach welcher im Jahre 1925 mit einem Defizit der englischen Zahlungsbilanz von ca. 26 Millionen Pf. Sterling zu rechnen sein würde, selbst wenn man die unsichtbaren Ausfuhren von 1924 zugrunde legt. Ein solches Ergebnis des bisher reichsten Handelsstaates der Welt wäre in der Tat sensationell. Man wundert sich daher auch nicht, wenn Sir Allan Smith folgende, in England viel beachtete Worte an seine Darstellung knüpfte:[11])

> „Wir sind also an einem Punkte angelangt, wo wir die Liquidation unserer nationalen Guthaben ins Auge zu fassen haben und von unserem nationalen Kapital leben müssen. Wenn daher nicht etwas geschieht, um unseren Ausfuhrhandel zu beleben, so muß schließlich das Resultat der Bankerott sein. Es ist einleuchtend, daß wir von Anlagen, die wir veräußern, keine Zinsen mehr erhalten können.“

Es sollte nicht Aufgabe des hier zu entwerfenden Bildes von der konjunkturalen Lage der Weltwirtschaft sein, eine vollständige Herzählung aller die Wirtschaftslage einzelner Staaten heute charakterisierender Depressionsmomente zu geben. Nur die wichtigsten derselben sollten die Lage beleuchten. Es ergibt sich, daß die wirtschaftliche Krisis in den einzelnen Ländern sehr verschiedene Wirkungen, je nach der ganzen volkswirtschaftlichen Struktur dieser Länder, ihrer Beteiligung am Weltkriege, ihrer Stellung als Agrar- oder Industrieland, ihrer Finanz- und Währungspolitik usw. zeitigt. Es ist bezeichnend für die Wirkung der weltwirtschaftlichen Tiefkonjunktur, daß sie gerade in Ländern wie England, das bezüglich seines Außenhandelsvolumens im Frieden an der Spitze marschierte, besonders einschneidende Veränderungen im volkswirtschaftlichen

11) Vgl. Levy: „Ist Englands wirtschaftliche Weltgeltung erschüttert?“ In Wirtschaftl. Nachrichten für den Ruhrbezirk vom 22. Juli 1925.

Gesamtbilde hervorgerufen hat. Aber ergänzend sei betont, daß es heute kein Land in der Welt gibt, das von den Einflüssen dieser Tiefkonjunktur verschont geblieben wäre. Ob man nach Südafrika oder Ostindien oder in den Bezirk der südamerikanischen Länder blickt, man wird überall das Vorhandensein von Absatzkrisen bemerken, die zeitweilig schwächer auftreten, um dann wiederum ein intensiveres Gepräge anzunehmen.[12]) Auch hier reden die Arbeitslosenziffern eine deutliche Sprache, von denen einige verglichen mit dem „noch" günstigen Jahre 1920 hier angegeben seien. Es betrug die Prozentziffer der beschäftigungslosen Arbeiter, die entweder einem Gewerkvereine angehörten oder in ein staatliches Versicherungsgesetz eingegliedert waren:[13])

	Juni 1920	März 1925
in Australien	6,2	9,3
in Canada	2,1	8,5
im Deutschen Reich	3,9	5.8
in Schweden	3,4	11,9
in Dänemark	2,1	15,1
in Norwegen	0,8	7,4
in Holland	5,9	10,1

Damit schließt sich, wenn auch noch so ungleiche Verhältnisse im einzelnen mitbestimmend auf die Besonderheit der Wirtschaftskonjunktur in einzelnen Ländern sein mögen, der Kreis überall gleich gearteter Symptome der heutigen Krisis. Mangelnde Beschäftigung als Zeichen mangelhafter Ausnutzungsmöglichkeit der vorhandenen Produktivkräfte. Diese wiederum ist das Ergebnis verminderter Absatzmöglichkeiten.

Aufgabe einer weltwirtschaftlichen Untersuchung würde es nun naheliegenderweise sein, festzustellen, inwieweit der Auslandsabsatz — damit also der Weltwirtschaftsabsatz — eines jeden Landes an dem Grade seiner Depression beteiligt ist, inwieweit diese andererseits auf die Erschlaffung seiner eigenen Kauffähigkeit zurückgeführt werden muß. Eine solche Aufgabe durchzuführen, ist

12) Vgl. näheres bei Levy, Grundlagen der Weltwirtschaft. 1924. S. 166—167.

13) Nach Economist Monthly Suppl. vom 25. Juli 1925. S. 11. Die deutsche Arbeitslosenziffer betrug am 6. Januar 1925: 535 529, am 1. Juli 1925: 195 582.

bei dem heutigen Stande der wirtschaftsstatistischen Hilfsmittel noch nicht möglich. Auch wäre eine solche Trennung vielleicht vom weltwirtschaftlichen Standpunkte gar nicht konsequent durchführbar. Denn ein jedes Land mit verarmter Binnenwirtschaft ist ohne weiteres ein verarmter Wirtschaftskunde, seine Verarmung also mittelbar wieder der Anlaß verringerter Ausfuhr anderer Länder. Es ist ohne weiteres klar, daß die Verarmung von Millionen früherer kaufkräftigerer Menschen in Deutschland durch die rein politisch zu verstehenden Lasten, die ihm aufgebürdet wurden, die Kaufkraft Deutschlands gegenüber seinen nachbarlichen Lieferanten geschwächt hat. Damit aber ist zugleich wiederum die Kaufkraft dieser Länder, deren Ausfuhren sich verringert haben, gegenüber dritten Ländern geschwächt. Aus einer anscheinend nur das interne Gebiet eines einzelnen Landes treffenden Tatsache — es gibt auch Tatsachen mit absolut weltwirtschaftlichem Charakter: wie etwa die Steigerung überseeischer Getreidepreise, Mißraten der amerikanischen Baumwollernte oder dergleichen — wird ohne weiteres eine weltwirtschaftliche Tatsache, weil heute alle Länder zu sehr kommerziell miteinander verbunden sind, um eine Scheidung ihres Wohlstandes in rein volkswirtschaftliche und rein weltwirtschaftliche Einflußgebiete zuzulassen. Es ist sicher, daß eine Besserung des Außenhandelsvolumens eines Landes durch Erhöhung seiner Ausfuhr unter Umständen nur „ein" Moment sein kann, das zur Hebung seiner wirtschaftlichen Lage beiträgt. Der Außenhandel allein bestimmt nicht die Gesamtheit des Volkswohlstandes. Ebenso kann eine wesentliche Steigerung der inneren Kaufkraft eines Landes Verluste im Außenhandel teilweise ersetzen, ohne daß diese unbedingt auf stärkere weltwirtschaftliche Verwobenheit zurückgeführt werden müßte. Aber andererseits ist heute unbedingt für jedes Land — je nach seiner weltwirtschaftlichen Bedeutung — die Verbesserung der Ausfuhr ein wesentliches Moment für die Verbesserung seiner Wirtschaftslage. In diesem Sinne ist also die Betrachtung des gesamten Außenhandelsvolumens der Welt für jedes zivilisierte, das heißt arbeitsteilig in die Weltwirtschaft eingegliederte Gebiet, von Bedeutung, wenn sich auch der Anteil, den das verringerte Welthandelsvolumen an den nationalen Wirtschaftsnöten hat, im einzelnen nicht genau begrenzen läßt.

2. DIE VERMINDERUNG DES INTERNATIONALEN WAREN-AUSTAUSCHES

Die Berechnung oder auch nur Schätzung des Welthandelsvolumens, wie es sich heute im Vergleich zu der Vorkriegszeit darstellt, stieß bisher auf eine fundamentale Schwierigkeit. Da nämlich in allen Ländern die Warenpreise gegenüber 1913 erheblich gestiegen sind, diese Preissteigerung aber wiederum in der überaus großen Zahl von Ländern mit inflatierter Währung in ganz verschiedener Weise zum Ausdruck kommt, so ist mit den bloßen Ziffern der Wertausfuhr wenig anzufangen. Andererseits besteht natürlich keine Möglichkeit, die Ausfuhr selbst nur eines Landes, geschweige denn der ganzen Welt nach Mengenziffern zusammenzufassen. Der einzige Ausweg liegt darin, durch Zugrundelegung der Preise, wie sie für das Jahr 1913 herrschten, einen Maßstab zu finden, der die Ab- oder Zunahme der Mengenausfuhr wenigstens annähernd berechnen läßt. Diesen Weg ist denn auch der parlamentarische englische Ausschuß gegangen (Committee on Industry and Trade), wenn er in seinem ersten, am 25. März 1925 abgeschlossenen und im Juli veröffentlichten Bericht die Lage der überseeischen Märkte Englands einer besonderen Prüfung unterzieht.[14])

Betrachtet man zunächst den Außenhandel, soweit der Export in Frage kommt, ohne Berücksichtigung der Preisfrage für die Welt und ihre heute wichtigsten drei Exportstaaten, das Vereinigte Königreich bzw. das Britische Reich als Ganzes, die Vereinigten Staaten von Amerika und Frankreich im Rahmen des Werts des Gesamtwelthandelsvolumens, so ergibt sich das folgende Bild:

	Ausfuhr in Millionen Pfund Sterling	
	1913	1923
Gesamte Welt	4034,8	5299,0
Vereinigtes Königreich	525,3	743,5
Gesamtes Britisches Reich	1020,0	1597,0
Vereinigte Staaten von Amerika	503,1	894,3
Frankreich	272,8	401,8

14) Vgl. Survey of Overseas Markets, based on material mainly derived from official sources etc. London 1925. (Stationary Office.) Näheres über die Entstehung dieses Berichtes vgl. im Nachwort S.115.

Die Zunahme im Wert des Welthandelsvolumens wäre hiernach gegenüber 1913 ca. 31%. Man erkennt: das Welthandelsvolumen hat seit 1913, in Pfund Sterling ausgedrückt, nicht unerheblich zugenommen und diese Tatsache könnte zunächst den Anschein einer gesteigerten Weltprosperität erwecken, wenn nicht die soeben geschilderte Verfassung der Weltmarktslage und der Wirtschaftskonjunktur der einzelnen Länder dieser Annahme sofort widerspräche.

Der Widerspruch erklärt sich aus der Erhöhung des weltwirtschaftlichen Preisniveaus. Für England, das als immer noch bedeutendstes Freihandelsland dem Weltmarkt am „nächsten" steht, betrug die Erhöhung der Preise im Jahre 1923 gegenüber 1913: 58,9%, im Jahre 1924: 66,2%. Der amtliche englische Bericht schätzt die Erhöhung des Weltmarktpreisniveaus auf 50—60%. Ein Durchschnitt von 55% würde also berechtigt erscheinen. Darnach würde der scheinbare Fortschritt des Welthandelsvolumens in einem Rückschritt bestehen.

Geht man von der allgemeinen Welthandelsausfuhr zu den differenzierteren Ergebnissen für einzelne Hauptexportländer über, so wird man sogleich eine besondere Unterscheidung zu machen haben. Noch immer zerfällt die Welt — so viel auch der Weltkrieg durch die später zu besprechende stärkere überseeische Industrialisierung diesen Gegensatz vermindert haben mag — in Gebiete, welche vornehmlich Nahrungsmittel- und Rohstoff-exportierende sind und solche, welche im Austausch für solche Waren Fertigfabrikate zu verkaufen trachten. Es ist ohne weiteres klar, daß selbst bei einer sich allgemein verschlechternden Lage der Weltwirtschaft die Position der Nahrungsmittel- und Rohstoff-Exportländer günstiger sein muß als die der Fabrikat-Export-Staaten. Es entspricht den primitiven Gesetzen der menschlichen und damit auch der volkswirtschaftlichen Bedürfnisskala, bei knapper werdenden Gesamtmitteln zur Bedürfnisbefriedigung zunächst eine Einschränkung des minder dringlichen Bedarfs vorzunehmen, ehe man zur Einschränkung des dringlicheren schreitet. Aus dieser Gesetzmäßigkeit erklärt es sich, daß in Zeiten volkswirtschaftlicher Krisen die Preise der Fertigerzeugnisse weit rascher und stärker zu sinken pflegen als die des Halbzeugs oder gar der Rohstoffe. Es ist daher anzunehmen, daß auch die Einschränkung des Bedarfs auf Grund der zuvor erörterten Verschlechterung des Wohlstands der Welt am geringsten bei den Nahrungsmitteln und jenen Rohstoffen gewesen ist, deren Verarbeitung — wie etwa die Baumwolle — dringlichen Bedürfnissen aller Länder zu dienen hat. An dieser Annahme kann auch die Tatsache, daß, wie Sering feststellt[15]), eine erhebliche Abnahme des Weizen-Roggen- und Mehl-Einfuhrbedarfes in der Zeit 1919/23 gegenüber 1913 stattgefunden hat, nichts ändern. Betrug doch der Einfuhrüberschuß von Brotgetreide in den nordischen Ländern, im kontinentalen Westeuropa, in Großbritannien und Irland, Spanien und Italien zusammen 69,9 kg pro Kopf der Bevölkerung in der Zeit von 1919—1923, gegenüber 74,5 kg im Durchschnitt der Jahre 1909—1913. Diese Rückläufigkeit ist relativ gering, wenn man sie mit der prozentualen Minderung des Fabrikatexports der wichtigsten europäischen Industrieländer vergleicht, eine Minderung, die auf das verringerte Aufnahmebedürfnis der Fabrikat-Import-Länder schließen läßt, selbst wenn man berücksichtigt, daß diese Verringerung nicht nur durch verringerten Wohlstand, sondern auch durch die — später zu erörternde — Absperrungspolitik vieler Länder bedingt ist. Es betrug die Ausfuhr, wenn man derjenigen von 1923 die Preise von 1913 zugrunde legt:

	1913	1923	Proz. d. Ausfuhr v. 1913 (1913 = 100)
England[16]):			
Gesamtausfuhr .	525,3 Mill. Pf. Sterl.	396,5 Mill. Pf. Sterl.	75,5
Fabrikatausfuhr .	413,8 „ „	303,5 „ „	73,3
Frankreich:			
Gesamtausfuhr .	6880,2 Mill. Fr.	7299,3 Mill. Fr.	106,1
Fabrikatausfuhr .	4161,9 „ „	4886,1 „ „	117,4
Belgien:			
Gesamtausfuhr .	3634,6 „ „	2285,7 „ „	62,9
Fabrikatausfuhr .	1800,9 „ „	1621,5 „ „	90,0
Deutschland:			
Gesamtausfuhr .	10095 Mill. Goldm.	5335 Mill. Goldm.	52,9
Fabrikatausfuhr .	6778 „ „	4519 „ „	66,7

15) Sering a. a. O. S. 29—31. Zu demselben Ergebnis kommt auch bezüglich anderer weltwirtschaftlich bedeutsamer Nahrungsmittel der sonst mit Sering nicht übereinstimmende Dr. Kurt Ritter in „Neue Grundlagen der Handelspolitik“. 1925. S. 257.

16) Die Ziffern für England rechnen ab 1. April 1923 den Irischen

Auch hier ist wieder, was bereits oben in anderem Falle bemerkt wurde, zu berücksichtigen, daß der Ausfuhrzuwachs Frankreichs sich zu einem sicherlich nicht unerheblichen Teile aus den territorialen Erweiterungen erklärt, also gewissermaßen vom gesamteuropäischen Standpunkt nur eine Verschiebung zu Ungunsten des Deutschen Reiches darstellt. Aber selbst wenn man dies berücksichtigt, zeigt es sich, daß die Abnahme der Ausfuhr sowohl wie der speziellen Fabrikatausfuhr für das gesamte Westeuropa-Industriegebiet: England—Frankreich—Belgien—Deutschland erheblich war. Ferner zeigt es sich, daß die absolute Abnahme der Fabrikat-Wertausfuhr weit erheblicher war als die Abnahme der Gesamtausfuhr. Dies ist aber, da es sich bei allen diesen europäischen Ländern um solche handelt, die eine überwiegende Fabrikatausfuhr haben, das unbedingt Entscheidende. Zum Beispiel darf die Tatsache, daß in Belgien die Fabrikatausfuhr immerhin 90% der Vorkriegszeit betrug, nicht darüber hinwegtäuschen, daß sich der absolute Wert derselben, gemessen an den Preisen von 1913, um nicht weniger als 180 Millionen Franken verringert hatte, während die Abnahme der Gesamtausfuhr „nur" 350 Millionen Franken ausmachte und daß von den 130 Millionen Pf. Sterling, um welche der Wert der Ausfuhr Großbritanniens zurückging, allein 110 Millionen auf Fabrikate fielen.

Vor allem aber muß bei diesen vergleichenden Ziffern bedacht werden, daß sich die einzelnen „Fabrikatgruppen" der Staaten nur höchst ungenau miteinander vergleichen lassen. So bedeutet es selbstverständlich etwas ganz anderes, wenn England im Jahre 1913 für allein ca. 98 Millionen Pf. Sterling hochwertige Baumwollstückwaren ausführte (bei einer Gesamtfabrikatausfuhr von 292 Millionen Pf. Sterling), während in Deutschland bei einer Fabrikatausfuhr von 6642 Millionen Mark nur 446 Millionen auf Baumwollwaren, dagegen erhebliche Posten der Ausfuhr auf solche Waren fielen, die nicht den hochwertigen Charakter derartiger Textilerzeugnisse trugen. Wie stark der Rückgang der Ausfuhr gerade im Gebiete solch hochwertiger Erzeugnisse der Textilindustrie ist, kann die Tatsache zei-

Freistaat als fremdes (d. h. koloniales) Exportgebiet. Würde man hingegen diesen Zuwachs an Exportwerten, die es nur der Form nach sind, abrechnen, so wären die Ziffern noch ein wenig ungünstiger.

gen[17]), daß im Jahre 1924 die Ausfuhr von Baumwollstückwaren aus England 4455000 Quadratyards betrug, während sie im Jahre 1913 — freilich einer Zeit besonders guten Auslandsgeschäftes — nicht weniger als 70750000 Quadratyards betragen hatte.

Diese Differenzierung der „Fertigwaren" nach Gesichtspunkten der Hochwertigkeit, der Qualität und der Verfeinerung ist auch notwendigerweise zu berücksichtigen, wenn man den europäischen Exportziffern, die (auf Grund der 1913-Preise) als Ganzes eine, wie man erkannte, rückläufige Tendenz zeigen, die amerikanischen gegenüberstellt. Diese betrugen:

	Millionen Dollars		
	1913	1923	1913 = 100
Gesamtausfuhr	2448,6	2924,3	119,4
Fabrikatausfuhr	1052,4	1559,3	148,3

Man könnte zunächst annehmen, daß die These, der Rückgang der Weltausfuhren bei den Fabrikaten sei infolge des stärkeren Bedarfsrückgangs erheblicher als bei Nahrungsmitteln und Rohstoffen, durch diese Ziffern widerlegt werde. Allein, dies ist nicht der Fall. Denn es bleibt zu bedenken, daß die „Fabrikat"-Ausfuhr der Vereinigten Staaten eine durchaus andere ist wie ein großer Teil der europäischen. Die Union exportiert in erster Linie Fabrikate, die, wie landwirtschaftliche Maschinen und alle jene Spezialmaschinen, die die spezifisch amerikanische Eliminierung der Handarbeit bezwecken, wiederum der Produktion dienen sollen und nicht wie eine große Zahl speziell europäischer Exportwaren, dem unmittelbaren Verbrauche dienen. Betrug doch z. B. die Ausfuhr von Baumwollfabrikaten der Union im Jahre 1924 (Fiskaljahr) nur 127 Millionen Dollars (vgl. oben die englische Ziffer, die sich dabei nur auf Stückwaren bezieht), bei einer Gesamtfabrikatausfuhr von über 2000 Millionen Dollars, während die Ausfuhr von Lederwaren nur 21 Millionen, die Seidenausfuhr nur 12, die von Wollwaren nur 7,7 Millionen Dollars betrug! So bedeutsam viele der

17) Vgl. Sondernummer des Manchester Guardian Commercial über die Textil-Fertigfabriktion vom 2. Juli 1925. S. 7.

amerikanischen Ausfuhren auch als Konkurrenz Europas auf dritten Märkten sein mögen, die Zunahme der amerikanischen Ausfuhrziffern beweist nichts für die Wirkung des abnehmenden Weltabsatzes auf die Fertigfabrikation. Denn es handelt sich bei der Betrachtung europäischer und amerikanischer Fabrikatausfuhren um zum Teil durchaus verschiedene Güter. Ebenso darf nicht gefolgert werden, daß etwa die Zunahme der amerikanischen Fabrikatausfuhr die Abnahme der europäischen ausgeglichen habe, daß es sich also nur um eine Verschiebung der Weltausfuhr, um eine Dislozierung handele. Denn rechnet man die von uns gegebenen Ziffern zusammen, so ergibt sich, daß der Zunahme der amerikanischen Fabrikatausfuhr um ca. 550 Millionen Dollars allein eine Abnahme der englischen Fabrikatausfuhr um 110 Millionen Pf. Sterling, gleich ca. 550 Millionen Dollars gegenübersteht, so daß diese Ziffer plus der Abnahme der Ausfuhren des kontinentaleuropäischen Gebietes, die wir nur für die wichtigsten Länder geben konnten, den amerikanischen Zuwachs beträchtlich überragt. Aber es sei nochmals betont: daß eine solche Gegenüberstellung keineswegs angebracht sein kann, solange die Art der Ausfuhrfabrikate eine so wesentlich verschiedene in beiden Weltteilen ist.

Die Verringerung des gesamten Welthandelsvolumens, wenn man es auf der Preisbasis von 1913 schätzt, sowie die Abnahme des Fabrikatexportes der wichtigsten europäischen Industrieländer lassen keinen anderen Schluß zu, als daß die einzelnen in die Weltwirtschaft verwobenen Länder heute einen weit geringeren Bedarfsgrad für ausländische Waren aufweisen als vor dem Kriege, daß sich der Weltmarkt erheblich verengt hat. Wenn es die weitere Aufgabe dieser Arbeit ist, die Ursachen dieser Entwicklung aufzuhellen, so sei von vorneherein bemerkt, daß mit solcher Klarlegung zugleich eine Beurteilung dafür gewonnen werden soll, ob an dieser Entwicklung lediglich die Desorganisation der Weltwirtschaft nach dem Kriege beteiligt ist oder ob sie durch besondere wirtschaftspolitische Maßnahmen der einzelnen Länder bewußt begünstigt wird. Die Zweiteilung des Problems ist von größter Bedeutung. Denn das verringerte Bedarfsvolumen für Auslandswaren irgendeines Landes kann ebensogut von einer Kaufkraftschwächung wie von dem Bestreben und der Fähigkeit bedingt werden, weniger als bisher vom Auslande zu kaufen und entsprechend mehr im eigenen Territorium zu erzeugen.

Diese Doppelseitigkeit des Problems wird aber auch für die zukünftige Entwicklung des Weltmarkts von größter Bedeutung bleiben. Denn während die Möglichkeit und Hoffnung besteht, daß die verringerte Kaufkraft der Welt für ausländische Waren allmählich wieder in eine ansteigende Linie übergeht — wozu eine ganze Reihe von wirtschaftlichen und politischen Tatsachen beitragen können —, wird man in dem Bestreben nach Autonomisierung der Bedarfsdeckung kaum eine Erscheinung vorübergehender Art zu sehen haben, vor allem dann nicht, wenn dieses Streben bereits zu heimischen Entwicklungen industrieller Art geführt hat, die nicht mehr rückgängig zu machen sind.

Natürlich ist auch hier die Unterscheidung, welche Umstände für einzelne nationale Bedarfsverringerungen maßgebend waren und noch heute sind — ob Verringerung des Wohlstandes, ob stärkere Eigenerzeugung —, nur in großen Umrissen durchführbar, da selbstverständlich bei einer großen Zahl von Ländern beide Faktoren für die Herabminderung der Einfuhren maßgebend zu sein pflegen.

II. DIE VERRINGERUNG DES WELTWIRTSCHAFTLICHEN WARENAUSTAUSCHES ALS FOLGE DER DESORGANISATION DER WELTWIRTSCHAFT

1. ALLGEMEINE UMSTÄNDE

Ehe wir auf die eigentlich wirtschaftlichen Umstände eingehen, welche man heute als „Desorganisation" der Weltwirtschaft zu bezeichnen hat, sei an die allgemeinen Faktoren erinnert, welche, zwischen 1913 und heute liegend, der Welt und ihrem Austauschhandel ein anderes Gesicht gegeben haben.

Zunächst ist der Verwüstungen des Weltkrieges zu gedenken, welcher die beteiligten Länder an Menschen, an produktiven Einrichtungen aller Art ärmer machte, blühende Länder zum Teil in Wüsteneien verwandelte und ungeheure Summen aufgesparten und produktiv zu verwendenden Kapitals in völlig unproduktive Kanäle lenkte. Die Gefolgschaft dieses Ringens war aber, je länger es dauerte, eine Erschütterung der politischen Basis, auf welcher die europäischen Staaten ruhten. Diese Erschütterung kam am stärksten darin zum Ausdruck, daß Rußland nach seiner Revolution aus dem Kreis einigermaßen einflußreicher internationaler Wirtschaftsmächte überhaupt ausschied. Aber auch andere Revolutionsländer, wie das Deutsche Reich, Österreich und Ungarn, sahen lange Zeit hindurch ihre wirtschaftlichen Interessen durch politische verdunkelt, abgelenkt und schon dadurch ihre wirtschaftliche Tätigkeit geschwächt. In Ländern wie England, deren Arbeiter- und Bürgermassen dem Sozialismus fernstanden und die außerdem selbstbewußte Siegerländer waren, kamen diese Erschütterungen nicht in politisch-revolutionären Kämpfen zum Ausdruck. Wohl aber haben auch diese Länder — England an der Spitze — unter einer sichtlichen „Unruhe" der öffentlichen Zustände, wie sie im Jahre 1913 nicht bestand, zu leiden gehabt. Arbeiterstreiks von bisher kaum gekannter Schärfe — erinnert sei vor allem an die Kohlengrubenarbeiter — waren der

Ausdruck dieser Unruhe, die sich nur durch weitgehendste Zugeständnisse sozialpolitischer Art, zum Teil unter Aufopferung des rein wirtschaftlichen Staatsinteresses (wie neuerdings durch die Subventionen an den Bergbau) einigermaßen dämpfen ließ.[18]) Dazu kamen in der ganzen Welt politische Ereignisse weittragender Art, die sich vielleicht als Nachwehen des größten aller Kriege bezeichnen lassen, aber selbst heute noch nicht verloschen sind. Es gehört hierhin: der Abfall Irlands (bzw. des heutigen irischen Freistaats), die Besetzung des Ruhrgebietes als überraschende und willkürliche Erweiterung der „Friedensverträge" mit der zeitweiligen Lahmlegung des bedeutendsten Teils der deutschen (sprich: mitteleuropäischen) Industrie, die Wirren im nahen Osten und die Auseinandersetzung zwischen Türkei und Griechenland, die Revolution in Mexiko, in der augenblicklichen Gegenwart: der Krieg in Marokko und die Revolution in China.

Es ist kaum nötig auszuführen, wie außerordentlich erschwerend direkt und indirekt diese Wirren politischer Art auf das weltwirtschaftliche Leben gewirkt haben und weiter wirken. Erinnert sei an die Verluste an Arbeitstagen, also an Produktivität innerhalb des volkswirtschaftlichen Jahresablaufs, durch Streiks und Aussperrungen[19]), an die Abschreckung der Ausfuhr nach den beunruhigten Gebieten — was ganz besonders heute bezüglich der Ausfuhr nach dem fernen Osten zu konstatieren ist[20]) — und an die andauernde Unsicherheit des Welthandels auf lange Sicht, solange mit einem immer erneuten Aufflackern kriegerischer oder revolutionärer Ereignisse hier und dort gerechnet werden muß. Die mangelnde innere und außenpolitische Pazifizierung der Welt ist eine der schwer-

---

18) Auch Lloyd George erklärt in dem oben zitierten Buch von Mrs. Fisher: „In unserem Lande wurde unsere Aufmerksamkeit durch lähmende Arbeitsstreitigkeiten von einer bisher in der Geschichte nicht dagewesenen Größe und durch die ernsten Verhältnisse in Irland abgelenkt."

19) Nach den Mitteilungen der Vereinigung deutscher Arbeitgeberverbände (Geschäftsbericht 1923/24, S. 38) betrug die „Rechnungsziffer" (d. h. Streikende oder Ausgesperrte mal Dauer der Bewegungen in Tagen) im Jahresdurchschnitt 1899—1913 ca. 8 Millionen, dagegen im Jahre 1920 54 Millionen, 1921 30 Millionen.

20) Vgl. Survey of Overseas Markets. S. 8.

sten Belastungen des ehemaligen weltwirtschaftlichen Gleichgewichts geworden.

Als ein Moment ganz ausschließlicher Art und spezifischer Tragweite kommt die Kriegsverschuldung in Betracht. Hier handelt es sich nicht darum, daß etwa wie im Kriege 1870/71 ein besiegtes Land einem anderen einen Tribut zahlt, den dieses weltwirtschaftlich gesehen zu neuer Produktivität verwertet, so daß der Schaden des einen wenigstens der Vorteil eines anderen international bedeutsamen Staates sein konnte. Der Weltkrieg hat eine internationale Verschuldung hinterlassen, die das europäische Wirtschaftsleben zugunsten der Vereinigten Staaten belastet. Die alliierten europäischen Mächte schulden ihnen 1315 Millionen Pfund Sterling, gleich ca. 26,3 Milliarden Goldmark. J. M. Keynes hat berechnet, daß, wenn der englische Staat jeden Tag der Woche eine halbe Million Dollar jahrelang an Amerika zu bezahlen hat, diese Leistung den gesamten Reinertrag seiner Schiffahrt und seines Kohlenbergbaues zusammengenommen überschreitet.[21]) Aber die Vereinigten Staaten von Amerika haben ihrerseits die ihnen zuströmenden Goldzuflüsse nicht etwa zu einer Belebung der Geschäftstätigkeit auf dem Wege des Kredits benutzt, sondern sind zunächst zu einer Thesaurierungspolitik (zum Teil auch in Befürchtung einer kommenden Goldknappheit) übergegangen, die eine Pari-Deckung ihrer Noten herbeiführte.[22]) und damit nahe an eine Goldinflation grenzte. Erst allmählich und nicht zuletzt beeinflußt durch die chronische und sich immer mehr verschlimmernde Wirtschaftskalamität Europas entschlossen sie sich, die Goldhypertrophie in größerem Maßstabe in Form von Auslandskrediten wieder nutzbar zu machen. Dabei verdient es bemerkt zu werden, daß auch die Vereinigten Staaten unproduktive Nachkriegsausgaben gehabt haben, deren Wirkung heute noch fühlbar bleibt; hat man doch nach den Berichten des U. S. Shipping Board berechnet, daß dieses Amt in neun Jahren seines Bestehens nicht weniger als 3523 Millionen Dollars für die

---

21) Vgl. Economist vom 14. Februar 1925 und Wirtschaftsdienst vom 16. Januar 1925. S. 82.

22) Vgl. Levy, Amerikas Wirtschaft unter dem Einfluß des Goldreichtums. Zeitschrift f. Geopolitik. Mai 1924. S. 291 ff.

Handelsflotte aufgewendet hat, während seine heutigen Aktiven nicht mehr als 300 Millionen Dollars betragen.[23])

Schließlich kann noch daran erinnert werden, daß die durch den Versailler Friedensvertrag herbeigeführte willkürliche Zerreißung wirtschaftlich zusammenhängender Gebiete, die Bildung neuer Kleinstaaten, die sich plötzlich vor autonome Organisationsaufgaben gestellt sahen, während die zerstückelten Länder erst allmählich daran gehen konnten, durch neu angebahnte Verbindungen und Privatverträge (siehe Schiffahrtslinien und Eisenindustrie in Deutschland) eine Basis für die völlig veränderte Situation zu finden, daß diese ganzen wirtschaftlichen Folgen politischer Diktate und Verirrungen immer und überall zu einer Schwächung derjenigen volkswirtschaftlichen Grundlagen führen mußten, die bisher das Gleichgewicht des west- und mitteleuropäischen Wirtschaftskörpers mit ausgemacht hatten. Erst als es zu spät war, erkannten einzelne der Siegerstaaten — inklusive Amerikas —, daß die Wirkungen dieser vom grünen Tisch getroffenen Akte nicht wie man angenommen hatte, im Vergleich zu den Gesamtverhältnissen der Welt irrelevant sein konnten, sondern daß sie einen wichtigen Teil des internationalen Reichtums zum Schaden aller weltwirtschaftlich Beteiligten desorganisieren und untergraben mußten.

2. DAS MISSVERHÄLTNIS ZWISCHEN WELTMARKTSBEDARF UND WELTMARKTSANGEBOT UND SEINE WIRKUNG AUF DIE PREISBILDUNG

Es ist bisher im wesentlichen von denjenigen Momenten die Rede gewesen, welche eine Schwächung der internationalen Kaufkraft und Geschäftstätigkeit nach dem Kriege bedingten. Das Maß des weltwirtschaftlichen Kommerziums wird aber nicht minder bedingt, die Verfassung des Weltmarktes nicht minder beeinflußt durch die vorhandenen, weltwirtschaftlich disponiblen Gütermengen, welche wiederum von den Produktionsverhältnissen abhängen.

Unmittelbar nach Abschluß des Waffenstillstandes war es eine vielverbreitete — auch die psychologischen Grundlagen der „Frie-

23) Vgl. Economist vom 11. Juli 1925. S. 57.

dens"-Verhandlungen auf seiten der Siegerstaaten nicht wesentlich mitbestimmende — Meinung gewesen, daß die Weltwirtschaft nach dem Kriege kaum in der Lage sein werde, den „ausgehungerten" Bedarf aller Länder zu befriedigen, selbst wenn man von dem vielfach außerordentlich gesteigerten Produktionsgehäuse Kenntnis nahm. Über die Verarmung einzelner Länder glaubte man hinwegsehen zu können, weil man in ihr nur ein einzelstaatliches, kein weltwirtschaftliches Moment erblickte.

In der Tat hat die erste Zeit nach dem Weltkrieg — abschließend etwa mit dem Jahre 1920 — den Erwartungen insofern recht gegeben, als der Warenhunger der Welt, besonders auch in den überseeischen Kolonialgebieten, stark war und der europäischen Industrie willkommene Absatzkanäle öffnete. Allein, diese Entwicklung ging nicht nur rasch vorüber, sondern sie machte einem Zustand Platz, der heute noch herrscht, und das Gegenteil der zunächst erwarteten Weltmarktssituation bedeutet. Niemals in der Geschichte der modernen Weltwirtschaft ist Sorge um den Absatz, um den Kunden größer gewesen als heute, soweit es sich um industrielle Güter handelt. Ebenso hat Sering für einen großen Teil der internationalen Nahrungsmittel-Exportwirtschaft nachgewiesen, daß sie sich seit dem Abflauen der ersten Nach-Kriegs-Bedarfs-Periode in sehr schweren Absatzsorgen befand, die erst seit 1924 einigermaßen verschwunden sind.[24])

Aber wenn auch heute das allgemeine Bild der Weltwirtschaft weit eher eine reichliche als eine zu knappe Versorgung mit Rohstoffen und Nahrungsmitteln bietet, so ist das Resultat des Verhältnisses, wie es in der allgemeinen Preisbildung auf dem Weltmarkte zum Ausdruck kommt, nicht etwa das einer Billigkeit, sondern im Vergleich zu 1913 noch immer dasjenige einer erheblichen Teuerung. Wählt man zur Veranschaulichung dieses Zustandes die Verhältnisse auf dem englischen Markte, der noch immer im wesentlichen Freihandelsmarkt ist, so ergibt sich folgendes Bild; es betrugen die Preise in Prozenten des Jahres 1914 (Juli), die gleich 100 gesetzt werden[25]), im Juli 1925:

24) Vgl. Sering a. a. O. S.33ff.

25) Vgl. Economist vom 8. August 1925. S. 227.

Getreide und Fleisch	andere Nahrungsmittel	Für Textilien	Mineralien	alle Warengruppen
157	198	207	163	173,3

Zeigt schon diese Tabelle die Erscheinung der Teuerung, wie sie sich heute im Zentrum weltmarktlicher Beziehungen widerspiegelt, so sind die folgenden Ziffern für das Problem der Verschiedenheit und des Grades dieser Teuerung von besonderem Interesse; bei ihnen ist als Grundperiode die Zeit von 1901—1905 angenommen, die Preise dieser Zeit sind gleich 50 gesetzt. Darnach betrug in England der Preis von[25a]):

Warengattung	Indexzahl	Warengattung	Indexzahl
Auslandsweizen . .	105½	Roheisen	76½
Mehl	92	Stahlschienen	71
Hammelfleisch . . .	91	Stabeisen	89½
Kartoffeln	75	Dampfkesselkohle . .	132
Tee	153	Blei	149
Rübenzucker	103	Kupfer	50
Butter	92	Leder.	61
Baumwolle (Amerika)	126½	Petroleum	100
Baumwolle (Ägypten)	224½	Gummi	54
Garn	126	Ölsaaten	86
Tuche	129	Amerikanisches Holz	80
Wolle (Australien) .	120	Baltisches Holz	100

Das zunächst Auffallende an diesen Ziffern ist die Verschiedenheit im Grade der Preissteigerungen. Diese Tatsache ist von vornherein um so beherzigenswerter, als in neuerer Zeit von seiten der Nationalökonomie der Versuch gemacht worden ist, ganz einheitliche Gesetzmäßigkeiten aus den Weltmarktspreisen nach dem Kriege herauszulesen. Es ist voll anzuerkennen, wenn Sering in einem geistvollen Versuche darzulegen weiß[26]), daß bis zum Jahre 1924 die sogenannte „Preisschere" wirksam gewesen sei, das heißt, daß ein Mißverhältnis zwischen „tiefen" Nahrungsmittel- und Rohstofferzeugnissen und „hohen" Fabrikatpreisen bestanden, daß sich aber seither die Schere „geschlossen" habe. Sering spricht hierbei von „Industriewaren" schlechthin, bezieht sich teilweise hierbei auf ame-

25a) Vgl. Economist vom 8. August 1925. S. 227.
26) Vgl. Sering a. a. O. S. 25 ff. u. 41 ff.

rikanische Statistiken, die den „Großhandelspreis für Industriewaren“ zugrunde legen, teilweise auf deutsche Ziffern über die „Ankaufspreise von Betriebsmitteln, wie kleinen Maschinen und Geräten, Superphosphaten, Ammoniak usw. Diese Gegenüberstellungen sind gewiß sehr lehrreich, wenn es sich um eine spezielle Beurteilung agrarischer Verhältnisse und der Kauffähigkeit von Farmern und Landwirten — wiederum in einzelnen Ländern — handelt. Allein für die Beurteilung der heutigen Weltmarktsverhältnisse wäre es verhängnisvoll, die „agrarischen“ Erzeugnisse und „Rohstoffe“ einfach den Fabrikaten oder Fertigwaren als gegensätzliche Preisgruppen gegenüberzustellen.

Die oben gegebenen Ziffern zeigen, von ganz wenigen Erzeugnissen abgesehen (Kupfer, Gummi, Leder), als Allgemeinresultat nur die Erscheinung der Teuerung. Die Differenzierung dieser Teuerung aber mahnt sogleich zu einer differentiellen Betrachtung. Vor allem zeigt es sich, daß die „Preisschere“, wenn man Nahrungsmittel, besonders Weizen, mit „Fabrikaten“, wenn auch nicht solchen des letzten Konsums (also Garne, aber nicht Kleider; Stahlschienen, aber nicht den Preis des Eisenbahnbillets), vergleicht, ganz unregelmäßig „klafft“. Sie öffnet sich, wenn man Textilien vergleicht, zu Ungunsten, wenn man Erzeugnisse der Eisenindustrie heranzieht, zugunsten des Weizenverkäufers. Dagegen ist die zur Zeit höherer Baumwollpreise vorhandene relative Rückläufigkeit der Textil-Fabrikatpreise — wenigstens bezüglich des amerikanischen Rohstoffpreises — heute zunächst ausgeglichen.

Es ist ja auch von vorneherein begreiflich, daß ein einheitliches Preisgesetz der weltwirtschaftlichen Waren, das die Nahrungsmittel- und Rohstoffpreise in eine feste Relation setzen könnte, nicht bestehen kann. Vielmehr sind eine Reihe von Umständen für die Gestaltung der Preise in der heutigen Weltwirtschaft noch viel entscheidender als im Jahre 1913. Da, wo der Krieg eine im Vergleich zur späteren Nachfrage übergroße Erzeugungsbasis geschaffen hat und diese Basis ohne weiteres einer Einschränkung fähig ist, wo es sich also nicht um aufgestapelte Vorräte handelt, die wahllos auf den Markt geworfen werden müssen, wird die Verengung des Marktes zu einer Verminderung der Produktion führen, die auf diese Weise dem Preisdruck zu entgehen sucht. Man kann Sering vollkommen beipflichten, wenn er schreibt: „Die ungünstige Preislage des Brotgetreides (gemeint die Zeit vor 1924 und die Wirksamkeit der Preisschere zu Ungunsten der Landwirte) hat eine starke Einschränkung der Anbauflächen in denjenigen Gebieten zur Folge gehabt, denen die geschichtliche Aufgabe zugefallen ist, das fast vollkommene Verschwinden des russischen und rumänischen Getreides vom Weltmarkt während des Krieges und nach dem Kriege auszugleichen. Die einheitliche Parole, die im Kriege über einem Kontinent vom doppelten Umfange Europas hin befolgt wurde, hatte es fertig gebracht, dem Brotgetreidebau in einem Jahrzehnt eine Fläche von 18,8 Millionen Hektar zuzuführen, nicht sehr viel weniger, als in Rußland und im außerrussischen Europa der Brotgewinnung verloren ging." Ausdehnung und Einziehung der Anbaufläche sind also der natürliche Regulator gegenüber dem Nachkriegs-Weltbedarfe gewesen, soweit nicht eine Zeit lang der amerikanische Farmer durch die Notwendigkeit, sich der Zahlungsfähigkeit des ärmsten Käufers (Grenznutzen) anzupassen, zur Abstoßung seiner Ware zu „niedrigen" Preisen gezwungen war. Nach den Angaben des Internationalen Landwirtschaftsinstitutes in Rom betrug die Weizenernte in Millionen Zentals (ein Zental gleich einem Zentner)[27]):

	1922	1923	1924
In Europa (12 Länder)	312,0	389,2	290,7
Canada und Ver. St. v. Amerika	760,4	763,0	680,9
Asien (4 Länder)	243,2	244,1	238,8
Nordafrika	20,1	39,8	30,6

Diese Ziffern, welche jedoch nur 70% der Welterzeugung umfassen — nämlich Länder nördlich vom Äquator —, weisen deutlich auf die Ursache der Erhöhung der Getreidepreise im Jahre 1924.

Aber nicht überall war die Regulierung der Kaufkraft des einen Produktes durch Regulierung der Anbaufläche (die dann mit einer schlechteren Ernte zusammenfiel) möglich. Man nehme als Gegenstück zu der soeben geschilderten Entwicklung die Erzeugung von Gummi, der, wie wir sahen, im Preise überhaupt nicht seit dem Frieden gestiegen ist, und dessen diesjähriger Preis noch relativ hoch ist im Vergleich zu demjenigen des letzten Jahres, der weniger

27) Vgl. den Julibericht des Instituts.

als die Hälfte desselben betrug. Der außergewöhnliche Preisdruck erklärt sich durch die Last der vorhandenen Bestände und die stark erweiterte, aber nicht einfach einzudämmende Erzeugung. Nach Angaben, die unlängst von sachverständiger Seite vor einer Pflanzerkonferenz in Penang gemacht wurden, betrug die Erzeugung von Rohgummi (die sich in erster Linie auf die Malayischen Staaten erstreckt)[28]):

Periode	Tonnen
1912—1916	589 120
1917—1920	1 232 868
1921—1924	1 508 075

Es ergab sich eine Übererzeugung, die unter anderem dadurch zum Ausdruck kam, daß in London zeitweilig 54 000 Tonnen Gummi lagerten, während heute diese Lager auf weniger als den fünften Teil zusammengeschmolzen sind.[29]) Erst der sogenannte Stevenson Restriction Scheme brachte eine Änderung der Überflutung, indem die Ausfuhr kontingentiert und bei Überschreitung des Kontingents ein hoher Ausfuhrzoll festgesetzt wurde.

Restriktive Maßnahmen zur Beschränkung der Übererzeugung und des Preisdruckes charakterisieren auch die englische Textilindustrie, deren Wohl und Wehe von dem Ausfall der amerikanischen Baumwollernte einerseits und der Nachfrage nach den Fabrikaten andererseits abhängt. Die Baumwollernte hat in den letzten Jahren in den Vereinigten Staaten nicht unerheblich geschwankt. Sie betrug im Jahre 1919 ca. 11,4 Millionen, im Jahre 1920 sogar über 13 Millionen, in den nächsten drei Jahren nur 7,9, 9,7 und 10,1 Millionen Ballen, eine Situation, die zeitweilig Gerüchte einer tatsächlichen „cotton famine" aufkommen ließen, um aber im Jahre 1924 wieder auf 12,5 Millionen Ballen zu steigen. Von einem „Überfluß" kann jedenfalls im Augenblick nicht die Rede sein. Die Entwicklung der amerikanischen Baumwollproduktion und ihrer Preisbildung zeigt aber ähnliche Erscheinungen, wie man sie bei der

28) Vgl. Financial Times vom 10. August 1925.

29) Ähnlich erscheint die Entwicklung in der australischen Wollerzeugung. Zunächst starke Bestände vom Kriege her, deren Absatz von einer britisch-australischen Vereinigung reguliert wird. Nach der Liquidation dieser Bestände starke Hausse des Wollpreises, die heute noch andauert. Vgl. Balfour-Bericht S. 345/46.

Zerealienerzeugung beobachten kann. Die Preise senken sich seit 1919/20 rapide nach unten; sie betragen im April 1920 noch 39,28 Cent p. lb. und sinken dann bis April 1921 auf 11,77, ein durchaus friedenmäßiges Niveau. Die Jahre 1921 und 1922 bringen eine wesentlich verringerte Anbaufläche (30 Millionen acres und 33 Millionen acres Erntefläche gegenüber 35,8 und 33,5 in den beiden vorhergehenden) und geringere Ernten. Eine Aufsaugung der Reserven führt zu einer Verknappung, die nunmehr auch größere Ernten nicht sobald wieder wettmachen. Eine scharfe Preishausse, die den Preis im November 1923 bis zu 35,80 herauftreibt, beginnt im Frühjahr 1922, während der Preis in der Saison 1924—25 auf einer mehr oder weniger stabilen, aber nicht niedrig zu nennenden Basis von 22—25 Cents verharrt.[30]) Nun hätte die Baumwollweiterverarbeitung in England angesichts dieser Preise und des verringerten Ausfuhrbedarfes geradezu vor einer Katastrophe gestanden, wenn es ihr nicht gelungen wäre, die Preise der Fabrikate mit denjenigen des Rohmaterials einigermaßen in Einklang zu bringen. Es geschah und geschieht dies vermittelst gemeinsam durchgeführter Kurzarbeit, welche von der Master Cotton Spinners Federation jeweilig angeordnet wird. Diese Kurzarbeit hat zeitweilig anderthalb Tage in der Woche betragen. Es zeigte sich zu Anfang Juli 1925, daß eine ganze Reihe von Firmen der gemeinsamen Vereinbarung nicht nachgekommen waren. Sofort machten sich Zeichen erneuten Preisdrucks auf dem Garnmarkt fühlbar.[31])

Auf dem Eisen- und Stahlmarkt lastet ebenfalls der Druck eines dem tatsächlichen Bedarfe nicht entsprechenden Produktionsgehäuses. Auch hier wird die Preisgestaltung wesentlich von der Frage des erneuten Zustandekommens internationaler Vereinbarungen (z. B. Schienen-Kartell) beeinflußt werden. Der relative Tiefstand der englischen Preise (im Vergleich zu denen der Textilien) erklärt sich daraus, daß in der Eisen- und Stahlindustrie England nicht annähernd jene gefestigte Marktposition besitzt wie auf dem Gebiete

30) Die Ziffern für den Anbau nach Statesmans Yearbook 1925. S. 465. Im übrigen vgl. die sehr beachtenswerten Untersuchungen der American Cotton Number des Manchester Guardian Commercial vom 20. August 1925. S. 21 u. 38.

31) Vgl. Economist vom 4. Juli 1925. S. 14.

der Textilien, insbesondere der feinen Garne, für die es noch immer in der Welt eine dominierende Wettbewerbsstellung aufweist. In der Eisenindustrie steht es in unmittelbarem Kontakt mit allen anderen Ländern dieser Erzeugung. Hier ist aber zu berücksichtigen, daß nach den Angaben Prof. Henry Voelckers die Weltproduktionsfähigkeit in Eisen und Stahl heute auf 120—150 Millionen Tonnen geschätzt wird, während sie für das Jahr 1913 auf ca. 80—100 Millionen Tonnen berechnet wurde. Demgegenüber hat sich die tatsächliche Erzeugung der Welt aber nur wenig verändert und dürfte mit ca. 72 Millionen Tonnen Roheisen und 74 Millionen Tonnen Stahl ungefähr die Höhe der Produktion von 1913 erreichen.[32]) Also auch hier mußte eine zwangsläufige Anpassung an den seit dem Kriegsende verringerten Bedarf stattfinden.

Es ergibt sich aus den hier angeführten Beispielen zur Genüge, warum die Steigerung der Preise gegenüber 1913 heute eine so ungleiche ist. Überall entscheidet die Frage, inwieweit die Erzeugung für den Weltmarkt (für den Inlandsmarkt ist das Walten der Schutzzölle und Kartelle zu berücksichtigen) einer Anpassung an die Bedarfsverhältnisse fähig war bzw. ist. Kann die Anbaufläche verringert werden, kann eine Organisation für vorhandene abzubauende Vorräte geschaffen werden, kann man in einer den Weltmarkt mehr oder weniger dominierenden Industrie eine Kontingentierung oder Verringerung der Erzeugung durch Kartelle oder Kurzarbeitbestimmungen herbeiführen oder mehrere nationale Industrien zu einer gemeinschaftlichen Verabredung (man denke auch zum Beispiel an die jetzt erfolgte Übereinstimmung zwischen der deutschen und der elsässischen Kaliindustrie[33])) veranlassen, so ist natürlich die Entwicklung der Preisverhältnisse eine durchaus andere wie dort, wo diese Voraussetzungen fehlen. Hier würde erst ein für

32) Vgl. Neue Grundlagen der Handelspolitik. 1925. S. 350. Beachtenswert ist in diesem Zusammenhange die Feststellung des Economist vom 25. Januar 1925, nach welcher im Jahre 1924 eine zwischen 40—50 Millionen Tonnen geringere Förderung der europäischen Kohlengruben zur Deckung der heimischen und der Ausfuhrbedürfnisse genügte als im Jahre 1913.

33) Mit gleichzeitiger Erwartung eines heilsamen Einflusses auf die Preise. Vgl. Wirtschaftsbericht der Commerz- und Diskontbank vom 1. Juni 1925. S. 11.

die beteiligten Unternehmer katastrophaler Reinigungsprozeß die Anpassung an den verringerten Bedarf und die Einstellung des Preises auf eine rentable Basis herbeiführen.

Das weltwirtschaftliche Preisproblem der Gegenwart besteht also darin: die Erzeugung des den Bedarf überragenden Produktionsgehäuses dem relativ verringerten Bedarf anzupassen. Aus dieser Zwangsläufigkeit erklärt sich nun auch, warum trotz erheblicher Produktionserweiterungen theoretischer Art keine Preisbaisse gegenüber 1913 eingetreten ist, während man doch allgemeiniglich erwartet, daß eine erweiterte Erzeugungsmöglichkeit bei nicht entsprechend erhöhtem Bedarfe einen Druck auf die Preisbildung übt. Die Ursache liegt hierfür in den seit 1913 erheblich gesteigerten Kosten. Da die Produktionskosten die unterste Grenze bilden, unter welche die Preise auf die Dauer nicht sinken können, so ist die stärkere Ausdehnung des Produktionsgehäuses eben nur bis zu dem Grade in eine tatsächliche Erzeugung umzusetzen, wie es ohne Herabdrückung der Preise unter die Selbstkosten geschehen kann. Die Folge ist: daß ein Teil dieses vergrößerten Erzeugungsapparates der Welt heute außer „Betrieb" ist, daß Arbeitslosigkeit, Einschränkung der Arbeitszeit in den Fabriken, Stillegungen ganzer Unternehmungen, das Aufliegen fast einer ganzen „Handelsflotte" in Amerika heute die Industrie und den Handel der Welt kennzeichnen. Die erhöhten Produktionskosten gegenüber 1913 sind also letzten Endes entscheidend für die Unmöglichkeit, die potentielle Leistungsfähigkeit der Welt voll auszunutzen, während diese Unmöglichkeit der vollen Ausnutzung das herbeigeführt hat, was wir unter Weltwirtschaftskrisis verstehen. Solange die Gefahr besteht, daß jedes „Mehr" an Erzeugung die Preise (nach der Gesetzmäßigkeit des Grenznutzens) unter diejenige Grenze drückt, bei welcher die Herstellungskosten noch gedeckt werden, ist eine Steigerung der Erzeugung ebenso undenkbar wie eine Senkung der Preise, wenigstens als Dauererscheinung. Es ist daher über die Frage der Produktionskosten noch weiteres zu sagen.

3. DIE BELASTUNG DER ERZEUGUNGSKOSTEN

Es erscheint zweckmäßiger, in diesem Zusammenhang von einer „Belastung“ anstatt von einer „Erhöhung“ der Produktionskosten zu sprechen. Denn es soll hier nicht davon die Rede sein, inwieweit die vorbesprochenen Momente der Weltpreis-Teuerung die Erzeugungskosten zwangsläufig erhöht haben, eine Tatsache, die ohne weiteres feststeht und gewöhnlich in dem bekannten circulus vitiosus zum Ausdruck kommt, daß jede Verteuerung der Nahrungsmittel zunächst in Form von Lohnerhöhungen eine Verteuerung der industriellen Erzeugung herbeiführt, welche dann ihrerseits wieder auf die Lage der Agrarproduzenten als Verbraucher zurückwirkt, deren Produktion verteuert und eine weitere Preiserhöhung ihrer Erzeugnisse bedingt.[34]) Diese Erscheinung erscheint durch die vorhergehende Betrachtung zur Genüge geklärt.

Dagegen treten zu diesen sich aus der Teuerung ergebenden Produktionskostensteigerungen heute solche, die ihre Ursache in den besonderen Verhältnissen der Nachkriegszeit haben und daher als neu hinzukommende „Belastungen“ aufzufassen sind.

Dahin gehört zunächst die Belastung aller Volkswirtschaften und ihrer Produktivität durch die erhöhten Steuern, welche zum Teil auf die Ausgleichung von Kriegsschäden und Kriegsschulden, zum Teil auf die erhöhten Ausgaben der Sozialpolitik zurückzuführen

34) Für die Beurteilung dieser Frage ist es entscheidend, wie der Reallohn der Arbeiterschaft sich seit 1913 in der Welt gestaltet hat. Auch hier herrscht Verschiedenheit. In den Vereinigten Staaten ist nach übereinstimmenden Ermittlungen eine Erhöhung über Friedenssatz anzunehmen. Sering spricht davon, daß die Nominallöhne „doppelt so hoch seien wie vor dem Kriege“ — was also eine Erhöhung der Reallöhne bedeuten würde — (vgl. Grundfragen der neuen deutschen Handelspolitik, Leipzig 1925, S. 18); der Geschäftsbericht der Vereinigung der deutschen Unternehmerverbände 1925, S. 203, konstatiert ebenfalls eine wesentliche Steigerung der Reallöhne in den Vereinigten Staaten, dagegen schätzt er den Reallohn des gelernten deutschen Arbeiters auf 90—95% der Friedenshöhe, den des ungelernten auf 100—105%, für England gibt er Reallöhne an, die in den einzelnen Industriezweigen von 76—130% schwanken. Man wird also gut daran tun, die Bedeutung des Lohnes für die erhöhten Erzeugungskosten, soweit Europa in Frage kommt, nicht zu überschätzen. Denn es liegen keine Beweise vor, daß die Erhöhung der Löhne insgesamt die Erhöhung der Preise überschritten hätte.

sind. An dieser Belastung sind „Sieger"-Länder ebenso beteiligt wie Besiegte. Es ist eine bekannte historische Erscheinung, daß gewonnene Kriege einer stärkeren Berücksichtigung der sozialen Wünsche der Massen entgegenkommen. Die Massen, welche sich zur „Erringung des Sieges" bereitgefunden haben, verlangen als Gegengabe eine stärkere staatliche Fürsorge und pflegen sie zu erhalten. Allein 70 Millionen Pf. Sterling, also 1400 Millionen Goldmark wurden für die Jahre 1923/24 von dem englischen Ministry of Pensions an Kriegspensionen und Unterstützungen gefordert. Die neuen Arbeitslosenversicherungsgesetze (1920—1923) belasten den englischen Staat mit $3^5/_8$—$6^3/_4$ Pence pro Arbeitslosen in der Woche, während über die gewaltige Steigerung derselben seit 1913 (heute ca. 1300000) bereits von uns berichtet wurde. Im Budget Großbritanniens figurierte im Budgetjahre vor dem Kriege auf der Ausgabenseite der Voranschlag mit 199011000 Pf. Sterling, im Jahre 1924 dagegen mit nicht weniger als 8297590000, und dabei war diese Ziffer bereits ein wesentlicher Rückgang gegenüber den Vorjahren. Dieses Mehr mußte in erster Linie durch Einkommensteuererhöhung gedeckt werden. Die Einnahmen aus dieser und ihr verwandter Steuern betrugen im Jahre 1913/14 (Budgetjahr) 47241000 Pf. Sterling, dagegen im Jahre 1923/24 333180000 Pf. Sterling, während die Einnahmen aus indirekten Steuern sich keineswegs in diesem Tempo erhöhten.[35]) Nach allem, was wir bereits über die Lage der englischen Wirtschaft und insbesondere des englischen Handels und der Industrie sagen konnten, ist diese Mehreinnahme nicht etwa aus einer entsprechenden Steigerung des Reineinkommens erzielt worden, sondern lediglich durch ein stärkeres Anziehen der Steuerschraube. Es ist angesichts dieser Belastung der Industrie durchaus nicht verwunderlich, wenn alle englischen Industrieverbände — voran der Spitzenverband: die Federation of British Industries — eine Herabsetzung der Besteuerung als grundlegendes Erfordernis der Ermäßigung der Erzeugungskosten bezeichnen.[36])

In den „besiegten" Ländern kommt zu dem Erfordernis einer er-

35) Vgl. für die Angaben über englische Sozialausgaben und Finanzen Statesmans Yearbook 1925. S. 32—33, 34 u. 38.

36) Vgl. einen beachtenswerten Aufsatz von Dr. v. Kries: „Die Zukunft der englischen Industrie." Arbeitgeber vom 1. August 1925. S. 369.

höhten Besteuerung noch der Nachteil, daß die Art der Besteuerung eine häufig höchst unvollkommene und dadurch die Produktionskosten besonders belastende ist. Es sei nur an die Umsatzbesteuerung im Deutschen Reiche erinnert, die die einzelnen Waren von ihrem ersten Erzeugungsstadium bis zum letzten Konsumenten häufig mit 6,8 und 10% belastet. Das durch die Reparationsverschuldung der deutschen Finanzpolitik aufgezwungene Bestreben, „das Geld zu nehmen, wo es nur zu nehmen ist", führt leider zu einer Vernachlässigung aller bisherigen Regeln der Steuerkunst, in erster Linie zum Nachteil der produzierenden Kreise. Einige Beispiele für die steuerliche Mehrbelastung der Industrieerzeugnisse im Vergleich zur Vorkriegszeit seien gegeben[37]): Im Ruhrkohlenbergbau liegt heute auf der Tonne Kohle eine Steuer von 7% des Erzeugerpreises, gegenüber 1,8% der Vorkriegszeit. In der Eisen- und Stahlindustrie betrug vor dem Kriege die Steuerbelastung je Tonne Rohstahl 2,10 Goldmark, heute ist sie auf 10—11 Goldmark gestiegen. Die Gesamtsteuerlast dieser Industrie wird auf das neunfache der Vorkriegszeit geschätzt, bei erheblich verringertem Umsatz. Für die deutsche Textilindustrie liegt das Ergebnis einer sorgfältigen und umfangreichen Erhebung für 12 Betriebe der Spinnereibranche vor, wonach im ersten Halbjahr 1924 bei 100 kg Kammgarn die Steuerlast das 16fache der Vorkriegszeit betrug. Was nun die stärkere Sozialbelastung der deutschen Wirtschaft angeht, so sei, ohne die Einzelheiten hier näher auszuführen, darauf hingewiesen, daß nach einer Veröffentlichung amtlicher Art die gesamte Soziallast der deutschen Wirtschaft in der Gegenwart mit 1610 Milliarden Goldmark im Jahre beziffert wird. Dies bedeutet rund 500 Millionen Goldmark mehr als im Jahre 1913.[38]) Andere, private Schätzungen geben die Ziffern noch höher an. So berechnet sie Dr. Tänzler mit 1,9 Milliarden Goldmark, was eine Steigerung von ca. 70% gegenüber der Friedenszeit bedeuten würde, während nach den amtlichen Ziffern eine solche von 61% in Frage käme.[39])

---

37) Vgl. Geschäftsbericht der Vereinigung deutscher Arbeitgeberverbände 1925. S. 144/45.

38) Vgl. Reichsarbeitsblatt Nr. 2 vom 8. Januar.

39) Vgl. Geschäftsbericht der Vereinigung deutscher Arbeitgeberverbände 1925. S. 91.

Zu diesen unmittelbaren Belastungen der Wirtschaft durch den erhöhten Steuerdruck, welcher zur Deckung von Kriegsschäden, Reparationen, Kriegspensionen, erhöhten Soziallasten usw. dient, kommt nun ein Moment, das mittelbar auf die Produktionskosten der Industrie belastend wirkt: die verringerte Arbeitszeit nach dem Kriege. Auch die Bewegung für den Achtstundentag — die durch den Internationalen Gewerkschaftsbund internationalisiert worden ist — erklärt sich als eine Nachwirkung des Krieges, welcher bei den sozialen Massen den Wunsch hervorrief, eine wesentliche Verbesserung ihrer Arbeitsbedingungen in der neu aufzubauenden Wirtschaft durchzusetzen. Niemand wird die ideale Forderung: „acht Stunden Arbeit, acht Stunden Schlaf, acht Stunden Muße" von der Hand weisen, wenn sie sich mit den Interessen der produktiven Wirtschaft vereinbaren läßt. Dies ist vermutlich ohne weiteres der Fall, wo es sich um eine wirtschaftliche Entwicklung handelt, die auf aufsteigender Linie läuft, erhöhte Reingewinne an die Unternehmungen abwirft und dementsprechend eine stärkere Belastung des Postens „Arbeitskosten" in den Erzeugungskosten der Industrie zuläßt. Insbesondere ist die Möglichkeit einer solchen Belastung gegeben, wenn die Anwendung neuer, Handarbeit ersparender Maschinen bei gleichzeitiger Steigerung des Umsatzvolumens zu einem Ausgleich gegenüber der durch die Kürzung der Arbeitszeit relativ verringerten Leistung steht (relativ: denn es wird im allgemeinen vorausgesetzt, daß eine verkürzte Arbeitszeit wohl das Arbeitserträgnis absolut verringert, daß aber diese Verringerung nicht entsprechend der verkürzten Arbeitszeit vor sich geht, sondern durch Erhöhung der Leistungsfähigkeit und Arbeitswilligkeit des einzelnen Arbeiters eine gewisse Ausgleichung erfährt). Heute hingegen liegen die Voraussetzungen, unter denen seinerzeit die Nationalökonomie (Lord Brassey, Lujo Brentano) das Gesetz: „kurze Arbeitszeit, hohe Arbeitsleistung" formulierten[40]), nicht vor. In allen Ländern, besonders aber in den von den Folgen des Weltkrieges schwerst betroffenen, bedeutet schon die Kapitalverknappung, der Mangel an Betriebskapital, ein Hemmnis gegenüber der Anwendung neuer

40) Vgl. Brentano, Über das Verhältnis von Arbeitslohn und Arbeitszeit zur Arbeitsleistung. 2. Aufl. 1893. Brassey. Work and Wages. Neue Auflage von Prof. Chapman. 1904.

arbeitssparender Maschinen und Verfahren, während andererseits der verringerte Umsatz die Anwendung von noch stärker auf Massenerzeugung eingerichteter Technik zumindest in Europa wirtschaftlich nicht rentabel erscheinen läßt. Was aber die Möglichkeit gesteigerter Arbeitsleistung der Arbeiter bei verkürzter Arbeitszeit angeht, so ist diese um so geringer, als die Herabdrückung des allgemeinen Lebensniveaus auf Grund der Kriegsfolgen, der Teuerung und der verschlechterten Ernährungsweise in den besiegten Ländern eine Hebung der physischen Arbeitsfähigkeit sowie der psychischen Arbeitslust unterbindet. Es würde ökonomisch gesehen weit mehr im Rahmen dieser Verhältnisse sein, eine Mehrerzeugung durch längere Arbeitszeit bei relativ verminderter Arbeitsleistung pro Stunde zu erstreben, als eine Kürzung der Arbeitszeit herbeizuführen, welche das Ergebnis der Arbeitsleistung im besten Falle relativ heben könnte, aber das absolute Arbeitsergebnis ganz wesentlich in jedem Falle mindern muß, weil unter den heutigen sozialen Verhältnissen diese relative Erhöhung der Arbeitsleistung nur gering sein kann und ihr ausgleichende Mittel auf seiten des Unternehmers nicht gegenüberstehen. Aus diesem Grunde hat sich auch ein einst so leidenschaftlicher Vorkämpfer für verkürzte Arbeitszeit wie Brentano[41]) unter den veränderten Verhältnissen für eine heutige schematische Durchführung des Achtstundentages nicht aussprechen können.

Diejenigen hingegen, welche in erster Linie das „soziale" Element in der Volkswirtschaft berücksichtigen und dasselbe mit den Erfordernissen derselben zu identifizieren pflegen, haben, ohne Rücksicht auf die Besonderheit der heute veränderten Wirtschaft, nach dem Kriege eine Propaganda für den Achtstundentag veranstaltet, die in den verschiedensten Ländern zum Ziele geführt hat. Freilich ist heute noch, solange sowohl die Vereinigten Staaten wie Kanada einer gesetzlichen schematischen Festlegung des Arbeitstages nicht zugänglich sind, die Verkürzung der Arbeitszeit in erster Linie als eine europäische Angelegenheit zu betrachten, was um so seltsamer berührt, als ja gerade die europäischen Industriestaaten als die heute ökonomisch und finanziell schwächeren Länder allen Grund

41) Vgl. seine Rede in Prag 1924. Berliner Tageblatt Nr. 472.

hätten, sich nicht durch eine besondere Belastung der Industrieerzeugung zu kennzeichnen. In den europäischen Staaten wiederum ist zu unterscheiden zwischen solchen, welche die Achtstundenarbeitszeit oder die 48-Stundenwoche rigoros und schematisch durchführen und solchen, bei welchen eine mehr oder weniger starke Durchlöcherung derselben durch Gestattung einer bestimmten Überstundenzahl stattfindet.[41]) Zu diesen gehört bekanntlich auch Deutschland, das in seiner Arbeitszeitverordnung vom 21. Nov. 1923 die Möglichkeit gewisser tarifvertraglicher Mehrarbeit gewährte. Aber faßt man die Resultate der heutigen europäischen Arbeitszeitverhältnisse zusammen, so ergibt sich doch als Ganzes, daß fast alle Länder dem Achtstundentag in dieser oder jener Form beigetreten sind, daß also der Erfolg der Arbeiterbewegung in jedem Falle eine wesentliche Beschränkung der Arbeitszeit gewesen ist. In England, das sich ebenfalls bisher zu einer gesetzlichen (freilich von der Arbeiterregierung im Juli 1924 geplanten) schematischen Festlegung eines nationalen Arbeitstages, der freilich als 48-Stundenwoche überall besteht, nicht entschlossen hat, herrscht im Kohlenbergbau sogar der Siebenstundentag, der teilweise nur eine tatsächliche Arbeitszeit in den Bergwerken selbst von 5—6 Stunden bedeutet.

Die Wirkung der verkürzten Arbeitszeit auf die Erzeugung ist in keinem der beteiligten Länder ohne Opposition aufgenommen worden. Für Deutschland hat die Vereinigung der deutschen Arbeitgeberverbände in einer besonderen Denkschrift[43]), ferner in ihren jährlichen Geschäftsberichten eine überaus große Zahl von Fällen beigebracht, welche — nach Angaben einzelner Großunternehmungen, amtlichen und halbamtlichen Statistiken und eigenen Berechnungen — das Bild der Rückläufigkeit der Arbeitsleistung unter der Herrschaft des schematischen Achtstundentages und ihrer wieder einsetzenden Steigerung auf Grund des Arbeitszeitgesetzes von 1923 ergeben. Obschon diese Angaben von seiten der interessentenmäßig orientierten „Gegenseite" kommen, ist ihnen, da es sich um rein sachliche, zahlenmäßige Feststellungen handelt, der

42) Vgl. eine genaue Darstellung über die internationalen Verhältnisse der Arbeitszeit im Geschäftsbericht usw. S. 268—280.

43) Vgl. Die Arbeitszeitfrage in Deutschland. 1924. (Vergriffen.)

Wert nicht abzusprechen, während es freilich im Rahmen dieser Betrachtung zu weit führen würde, die Ergebnisse nochmals im einzelnen aufzuführen. Dagegen sei betont, daß auch in Kreisen, die entweder dem Achtstundentag propagandistisch nahestehen oder jedenfalls nicht als „anti-sozial" anzusehen sind, die Tatsache einer Reduzierung der Leistung nicht mehr bestritten wird, womit dann ohne weiteres angesichts der oben gekennzeichneten Unmöglichkeit, durch stärkere Mechanisierung der Erzeugung einen Ausgleich zu schaffen, zugegeben wird, daß die verkürzte Arbeitszeit eine Belastung der industriellen Produktionskosten bedeuten muß. In diesem Sinne schreibt der demokratische Volkswirt Dr. Bruno Rauecker im Berliner Tageblatt vom 5. Sept. 1924 und fordert „von Fall zu Fall eine zeitweise Verlängerung des achtstündigen Arbeitstages". Auch der Bericht des Internationalen Gewerkschaftsbundes erklärt[44]: „Die Arbeiter haben freilich niemals behauptet, daß sie in acht Stunden soviel wie in zehn Stunden zu arbeiten vermöchten, wenn sich keine Veränderungen in der Technik des Betriebes oder in der Organisation und Verteilung der Arbeit vollziehen." Damit wird die Belastung der Kosten der Erzeugung durch den Achtstundentag ohne weiteres auch von Arbeiterseite zugestanden. In England nimmt die Frage des nachteiligen Wirkens der verkürzten Arbeitszeit gerade in letzter Zeit (Frühjahr und Sommer 1925) einen immer breiteren Raum in der öffentlichen Diskussion wirtschaftlicher Fragen ein. Freilich wird sie hier regelmäßig im Zusammenhang mit anderen sozialen Problemen erörtert, die vielfach zu einer Erschwerung der englischen Konkurrenz mit dem Auslande beitragen, wie: der Erhöhung der Löhne, der willkürlichen Abgrenzung der einzelnen Teiloperationen im Arbeitsprozeß durch die Trade Unions, was häufig zu einem erheblichen Arbeitsverlust führt, usw. Erörterungen dieser Fragen finden sich vor allem bezüglich des englischen Kohlenbergbaues. Hier haben die englischen Gewerkvereine im Jahre 1924 im Anschluß an die Ruhrbesetzung, die vorübergehend dem englischen Kohlenmarkt verbesserte Absatzchancen bot, Bedingungen durchgesetzt, die sich in einer starken Ver-

44) Vgl. The Activities of the International Federation of Trade Unions 1922—24. Amsterdam 1924. S. 347—51.

ringerung der Arbeitsleistung auswirkten. Ist doch die Arbeitsleistung pro Mann und Schicht von 18,25 Cwt. im ersten Quartal 1923 auf 17,74 Cwt. im vierten Quartal 1924 zurückgegangen, während die Nettokosten pro Tonne erzeugter Kohle sich von 16 sh. 5 d. auf 18 sh. 4 d. erhöhten![45]) Ebenso haben englische Schiffbauer anläßlich der Vergebung von Aufträgen für Motorschiffe an Hamburger Firmen auf die Belastung ihrer Erzeugungskosten durch verkürzte Arbeitszeit und Trade-Union-Reglements verwiesen.[46]) Aber auch aus der englischen Textilindustrie kommen dieselben Klagen.[47]) Bei dieser Allgemeinheit der Klagen und Nachweise ist also an der Tatsache selbst, einer erheblichen Belastung der Erzeugungskosten durch soziale Errungenschaften, nicht zu zweifeln.

Wir haben damit die unserer Ansicht nach wichtigsten Punkte der heutigen Produktionskostenverteuerung erörtert, aber es muß noch daran erinnert werden, daß auch der im Vergleich zu Friedenszeiten zum Teil bedeutend höhere Zinsfuß in einzelnen europäischen Ländern (besonders wiederum in Deutschland) dazu beiträgt, die Herstellungskosten zu verteuern.[48]) Endlich muß auch noch bedacht werden, daß die Abnahme des Umsatzvolumens die Generalunkosten der Erzeugung sowohl wie des Handels und Zwischenhandels wie vor allem des Detaillisten relativ erhöht. Der Wunsch, die gleichbleibenden Generalunkosten bei sinkendem Umsatz zu decken, führt notwendigerweise zu weiterer Preiserhöhung. Dies kann am deutlichsten im Detailhandel beobachtet werden und erklärt die immer größer werdende Diskrepanz zwischen Erzeugerpreis und Detailpreis, ein Moment, das freilich für die weltmarktmäßige Erörterung, die hier in Frage kommt, weniger ausschlaggebend ist.

Dagegen bleibt noch übrig, die Entwicklung der Verfrachtungs-

45) Vgl. Economist (nach amtlichen Angaben) vom 16. Mai 1925. S. 962.

46) Vgl. Levy, Die volks- und weltwirtschaftliche Bedeutung der heutigen englischen Arbeiterfrage. Weltwirtsch. Archiv Juli 1925. S. 95.

47) Vgl. Manchester Guardian Commercial vom 2. Juli 1925 (Textil-Sondernummer).

48) Die Diskontsätze betrugen Anfang Juli für Berlin: 9, für Italien 7, für Paris 7, für Prag 7, für Wien 11, für Kopenhagen 7, für Warschau 10%, gegenüber $3^1/_2$% in Neuyork.

kosten zu erörtern. Hier sind die Landfrachten von den überseeischen Seefrachten zu unterscheiden. Daß die Preise der Transportleistungen zu Lande wesentlich gestiegen sind und zur Verteuerung aller Waren beitragen, kann für alle Länder konstatiert werden, obschon natürlich auch hier die nationalen Verschiedenheiten sehr groß sind (besonders unter Berücksichtigung der langsamen Anpassungsfähigkeit der Frachtsätze in Ländern mit inflatierter Währung). Für die deutschen Verhältnisse hat man unter Zugrundelegung einer durchschnittlichen Beförderungsentfernung von 300 km den prozentualen Anteil der Frachten am Warenpreis mit folgendem Ergebnis berechnet [49]):

Ware	1913	Herbst 1924	Steigerung in %
Kohle	60,8	73,3	21
Stabeisen	10,8	15,5	44
Stickstoff	2,9	4,8	66
Häute	1,2	3,7	208
Weizenmehl	5,5	10,1	84

Für England erscheint es bezeichnend, daß die Gesamtzahl der beförderten Passagiere auf den Eisenbahnen (exklusive der Besitzer von Saisonkarten) im Jahre 1913 1199 Millionen, im Jahre 1922 1194 Millionen, das Gewicht der beförderten Güter (leider keine Angaben für die Entfernung bzw. die Tonnenkilometerzahl) im Jahre 1913 364 Millionen, dagegen 1922 nur 301 Millionen Tonnen betrug, während sich die Bruttoeinnahmen von 132,4 Millionen Pf. Sterling im Jahre 1913 auf 245 Millionen Pf. Sterling im Jahre 1922 gesteigert hatten.[50]) Immerhin dürfte nach englischen Schätzungen die Frachtverteuerung in England geringer sein als die im Deutschen Reiche.[51])

Während aber für den Eisenbahnverkehr auf jeden Fall eine erhebliche Verteuerung der Frachten feststeht, die im Preise der verfrachteten Waren zum Ausdruck kommen muß, ist für den maritimen Handelsverkehr eine besondere Verteuerung gegenüber

49) Vgl. Geschäftsbericht S. 147.
50) Nach Statesmans Yearbook. 1925. S. 65.
51) Vgl. Manchester Guardian Commercial vom 4. Juni 1925. S. 598.

dem Frieden — zumindest für die letzte Zeit — nicht mehr festzustellen. Nach dem Frachtenindex des englischen Economist für Charterraten (whole cargoes) betrugen, wenn die Ziffern für den Durchschnitt der Jahre 1898—1913 gleich 100 gesetzt wird[52]):

Charter-Frachten	im Durchschnitt der ersten sechs Monate 1924	1925
Europäische Gewässer	136,28	113,30
Nordamerikanische Gewässer	143,36	129,16
Südamerikanische Gewässer	138,37	113,11
Indische Gewässer	128,46	115,45
Ferner Osten und Pazifik	134,40	116,84
Australische Gewässer	140,13	146,59
Total	136,33	122,41

Würde nicht die australische Frachtrate durch die auf Grund der reichen Ernte verstärkten Frachtraumanforderungen gesteigert worden sein, so würde sich als Gesamtergebnis eine starke Annäherung der transozeanischen Frachtraten an die Vorkriegsverhältnisse ergeben, aber auch so ist dies bei dem größten und bedeutendsten Teile derselben der Fall. Nimmt man nicht den Halbjahresdurchschnitt des Jahres 1925, sondern den letzten Monat dieses Zeitraums, so ergibt sich, daß die Gesamt-Charterraten gemessen am Stande von 1913 nur mehr 6,73% höher standen.

Die Ursache dieser dem Preisindex der Waren zuwiderlaufenden Entwicklung der Frachtraten liegt in dem Überangebot an Frachtraum einerseits und an dem ungehinderten Wettbewerb der Charter-Schiffahrt (bei der Linien-Schiffahrt liegen Vereinbarungen vor, diese aber führt hauptsächlich Frachten hochwertiger Erzeugnisse).[53]) Nach der Veröffentlichung von Lloyds Register — bekanntlich dem „Grundbuch“ der überseeischen Schiffahrt — ergibt sich folgende Entwicklung der Welttonnage. Es betrug der Tonnengehalt in Millionen Großtonnen (exklusive von Fahrzeugen unter 100 Tonnen) in der Welt:

52) Vgl. Economist vom 8. August 1925 und 11. Juli 1925.
53) Vgl. Economist vom 8. August. S. 223.

	Dampfer und Motorschiffe	Segler	Insgesamt
1895	16,9	8,2	25,1
1905	30,0	6,0	36,0
1915	45,7	3,5	49,2
1925	62,4	2,2	64,6

Selbst unter den mannigfachen Einschränkungen, welche bei diesen Ziffern bezüglich der Verwendbarkeit und der Verwendung aller Schiffe für die überseeische Schiffahrt usw. zu machen sind, ergibt sich doch aus ihnen als Ganzes das außerordentliche Anwachsen der Welthandelsflotte trotz des Weltkriegs und seiner maritimen Zerstörungen. Hält man sich nur an die für die Überseeschiffahrt bestimmten Eisen-, Stahl- und Motorschiffe, so ergibt sich, daß die Tonnage derselben im Juni 1914 42,5 Millionen, dagegen im Juni 1925 58,7 Millionen Großtonnen betrug. Selbst wenn man von dieser Ziffer die aufliegenden 4 Millionen Tonnen der Vereinigten Staaten-Schiffahrt abzieht, bleibt ein beträchtliches Plus. Die starke Zunahme der Handelsschiffe in den Vereinigten Staaten, die Vergrößerung des Handelsflottenbestandes in Japan, Holland, Skandinavien während des Krieges, der relativ starke Fortschritt des Handelsflotten-Wiederaufbaues im Deutschen Reiche, das im Juni 1920 nur noch 654 000 Tonnen, heute wieder 3 Millionen Tonnen aufweist, ist an diesem Resultat hauptsächlichst beteiligt.

Auch hier haben wir also ähnlich, wie wir es bezüglich der internationalen Industrie konstatiert haben, eine Übersteigerung des potentiellen Angebots gegenüber dem tatsächlichen Bedarfe. Deutlich macht sich das Hin- und Herschwanken der Frachtraumnachfrage, wie es wiederum durch das „Mehr“ oder „Minder“ der herrschenden Weltmarktkrisis bedingt wird, in dem Aufliegen der Schiffe bemerkbar, denn das Sinken der Frachtraten bestimmt auch hier nach einiger Zeit das „Grenz“-Schiff, d. h. dasjenige Schiff, dessen Betrieb noch gerade unter den gegebenen Verhältnissen von Angebot und Nachfrage rentabel bleibt. So hat sich die Tonnage der in England aufliegenden Schiffe im Sommer 1925 nicht unerheblich gesteigert, als Kohlenbergbau und andere Industrien eine Verschärfung der Absatzkrisis erfuhren. Sie betrug im Januar 1925 ca. 450 000, im April 377 000, dagegen im Juli 754 000 Tonnen. Bezeichnend sind in dieser Beziehung auch die Ziffern der Abwrackung, die im Jahre 1925 zum ersten Male in Lloyds Register veröffentlicht wurden.[54]) Sie betrugen: im Durchschnitt der Jahre 1908—13 171 000, dagegen im Jahre 1924 nicht weniger als fast 1 175 000 Tonnen. Im Januar 1925 schrieb der Economist[55]):

„Mit einer jährlichen Erzeugungsfähigkeit von etwa 3 Millionen Tonnen haben sich die britischen Schiffswerften zu einer theoretischen Produktionsmöglichkeit entwickelt, die weit über den augenblicklichen Bedarf der Weltnachfrage hinausgeht, selbst wenn von anderen Ländern kein einziges Schiff gebaut werden würde. . . .“

Bildet also das „Element“ überseeische Frachten heute in dem Aufbau der Erzeugungskosten weltwirtschaftlich erzeugter und gehandelter Güter heute eine Ausnahme, indem von einer nennenswerten Verteuerung gegenüber dem Frieden nicht gesprochen werden kann, so ist auf der anderen Seite dieser Ausnahmefaktor nicht in der Lage, die allgemeine Preisstellung dieser Güter im Sinne einer Behebung der Weltwirtschaftskrisis irgendwie maßgeblich zu beeinflussen. Man kann höchstens sagen, daß die Erhöhung der Weltmarktpreise, wie wir sie nunmehr ihren Hauptursachen nach kennen gelernt haben, und der damit verbundene Druck auf das Welthandelsvolumen noch stärker sein würde, wenn die Gestaltung des Frachtenmarktes eine andere wäre.

4. DIE ZERRÜTTUNG DER VALUTEN

Wir haben bisher die Hauptumstände erörtert, die lediglich als Gefolgschaft der Desorganisation der internationalen Wirtschaft das Welthandelsvolumen verringern müssen. Die allgemeinen Zerstörungsfaktoren des Krieges, die unbehobenen politischen und sozialen Unruhen, das Vorhandensein einer potentiellen Übersteigerung der industriellen Produktion der Welt, das damit zusammenhängende Mißverhältnis zwischen Bedarf und Angebot und seine notwendigen Folgen für den Weltarbeitsmarkt, die Erhöhung der Erzeugungskosten auf Grund gestiegener Nahrungsmittel- und Roh-

---

54) Vgl. Economist vom 18. Juli. S. 96.
55) Vgl. Levy, Englische Arbeiterfrage a. a. O. S. 91.

stoffpreise einerseits und besonderer Lasten steuerlicher und sozialpolitischer Art andererseits, — alles das, aus der einen großen Wurzel „Weltkrieg“ hervorgehend, erklärt bereits zur Genüge die Tatsache des rückläufigen und vielleicht besser gesagt „zu geringen“ Welthandelsvolumens. Es gilt noch ein Moment nachzutragen, das gewissermaßen als „Begleitumstand“ dieser Verhältnisse betrachtet werden kann: die Valutamisere in der Weltwirtschaft.

Eine verschlechterte Valuta wirkt ohne weiteres einfuhrabschreckend für das von ihr betroffene Land. Der „teure“ Dollar, das „teure“ Pfund Sterling sind einem Einfuhrzoll auf amerikanische oder englische Waren durchaus gleichzusetzen. Da sich andererseits der Preis der Waren, welche nicht von der Einfuhr abhängen oder deren Erzeugungskosten sich nur zum Teil aus eingeführten Rohstoffen oder Halbzeug zusammensetzen, in Ländern mit Inflationswährung nicht proportional zu der verschlechterten Valuta zu steigern pflegt, so würde man freilich annehmen können, daß die aus der Verringerung der Einfuhr hervorgehende Minderung des Welthandelsvolumens durch die Exportprämie ausgeglichen werde, welche der Industrie der Inflationsländer zuteil wird. Gewiß hat das Valuta-Dumping eine nicht unbeträchtliche Rolle gespielt und spielt sie heute noch. Allein, es ist kaum anzunehmen, daß dieses Dumping von Industriewaren so groß ist, daß es die Hemmung der Einfuhren, wie sie die Verschlechterung der Währungen mit sich bringt, auszugleichen vermag. Freilich ist dem wiederum entgegenzuhalten, daß die Länder mit Inflation zumeist europäische Staaten mit starker Abhängigkeit von ausländischen Nahrungsmitteln und Rohstoffen sind, so daß die verschlechterte Valuta in erster Linie und hauptsächlich auf die Einfuhr minder dringlicher Waren wirken muß, die Einfuhr der dringlich benötigten aber kaum wesentlich verringern wird. Aber selbst dies berücksichtigend wird man kaum annehmen dürfen, daß diese Verringerung der Einfuhren durch das Valuta-Dumping quantitativ ausgeglichen werden kann, da ja einerseits die Absperrung von den Ländern mit guter Währung den Inlandsbedarf der Länder mit Inflationswährung für verarbeitete Waren zumindest aufrechterhält, während andererseits das sofortige Einsetzen der Zuschlagszölle gegen Dumping-Waren die Wirksamkeit der in der Inflation steckenden Exportprämie vielfach wieder aufhebt. Dort freilich, wo das Valuta-Dumping solchen zollpolitischen Erschwerungen nicht begegnet, wird es selbstverständlich den Wettbewerb der Länder untereinander zu Ungunsten der Länder mit starker Währung beeinflussen. Aber in dieser wettbewerblichen Wirkung der Valutazerrüttung liegt noch kein Beweis dafür, daß das Exportvolumen der Weltwirtschaft als solches gesteigert wird, vielmehr nur die Möglichkeit einer Verschiebung der Einfuhrversorgung zugunsten von Exportländern mit schwacher Währung, so etwa, wenn ein Land Stoffe, die es aus England bezogen hat, nunmehr aus Frankreich bezieht. Dagegen bedeutet die Valutamisere für das valutakranke Land ohne weiteres das Bestreben, den Konsum bisher eingeführter Waren zu verringern oder durch heimische Erzeugung zu ersetzen, bedeutet also ohne weiteres eine Verringerung der Welthandelsumsätze.

Als Ganzes wird man daher sehr wohl sagen können, daß die Zerrüttung der Währung in der Weltwirtschaft die Tendenz des rückläufigen Welthandelsvolumens noch verstärkt. Zu der tatsächlichen Verringerung des Einfuhrbedarfs der Länder mit verschlechterter Währung kommt ja vor allem noch die Tatsache der kommerziellen Ungewißheit, wie sie durch die schwankende Valuta hervorgerufen wird. Dieses Moment ist um so bedeutsamer, als für dieselbe selbst kleine Valutaschwankungen und eine auch nur geringfügig verschlechterte Währung von Einfluß sein können, in dem Maße, wie jeder kaufmännische Kalkül durch die geringsten Abweichungen valutarischer Art entscheidend beeinflußt werden kann.[56])

Wird dies bedacht, so wird man ohne weiteres begreifen, daß es sich bei der Beurteilung des heutigen Valutaproblems in der Weltwirtschaft nicht nur darum handelt, den weltwirtschaftlich feindlichen Valutastörungen solcher Länder Rechnung zu tragen, in welchen nicht von einer völlig unterminierten Valuta — wie einst in Deutschland, heute noch in Ungarn — gesprochen werden kann, oder von einer immerhin schon kranken Währung, wie die neuerdings verschlechterten Valuten Frankreichs, Italiens und Belgiens es

56) In dem Bericht über die englischen Überseemärkte heißt es auf S. 51 geradezu: „Großbritanniens Handel mit Belgien wird unmittelbar durch das Steigen oder Fallen des Franken beeinflußt.“

sind, sondern daß man auch den im Vergleich zur Friedensparität lediglich „etwas“ gedrückten Valuten Rechnung zu tragen hat.

Die Differenzierung und Zerrüttung der Valuten in der Weltwirtschaft ergibt sich aus folgender Tabelle[57]):

	Währung	Parität	1. 7. 1925
Alexandria . . .	Piaster für Pfund Sterling	$97\frac{1}{2}$	$97\frac{15}{32}$
Amsterdam. . .	Gulden für Pfund Sterling	12,107	$12{,}13\frac{3}{4}$
Athen	Drachmen für Pfund Sterling	$25{,}22\frac{1}{2}$	287,—
Belgrad	Dinar für Pfund Sterling	$25{,}22\frac{1}{2}$	276,50
Berlin	Mark für Pfund Sterling	20,43	$20{,}41\frac{1}{2}$
Bombay	Schilling für Rupie	24 Pence	$1{,}6\frac{1}{8}$
Brüssel.	Francs für Pfund Sterling	$25{,}22\frac{1}{2}$	109,25
Budapest. . . .	Kronen für Pfund Sterling	24,02	346000,—
Buenos Aires. .	Pence für Goldpeso	47,58 Pence	$45{,}31\frac{1}{4}$
Bukarest	Lei für Pfund Sterling	$25{,}22\frac{1}{2}$	1057,25
Kalkutta	Schilling für Rupie	24 Pence	$1{,}6\frac{1}{8}$
Helsingfors. . .	Finnm. für Pfund Sterling	$25{,}22\frac{1}{2}$	193,—
Hongkong . . .	Schilling für Dollar	23,81 Pence	$2{,}4\frac{9}{16}$
Italien	Lire für Pfund Sterling	$25{,}22\frac{1}{2}$	143,—
Konstantinopel .	Piaster für Pfund Sterling	110,—	900,—
Kopenhagen . .	Kronen für Pfund Sterling	18,159	24,17
Lissabon	Pence für Escudo	53,25 Pence	$2{,}46\frac{7}{8}$
Madrid.	Pesetas für Pfund Sterling	$25{,}22\frac{1}{2}$	33,42
Manila	Schilling für Dollar	24,066	$2{,}0\frac{3}{8}$
Mexiko.	Pence für Dollar	24,58 Pence	26,—
Montevideo . .	Pence für Peso	51,— Pence	48,—
Montreal	Dollar für Pfund Sterling	$4{,}86\frac{2}{3}$	$4{,}85\frac{31}{32}$
New York . . .	Dollar für Pfund Sterling	$4{,}86\frac{2}{3}$	$4{,}86\frac{3}{32}$
Oslo	Kronen für Pfund Sterling	18,159	$27{,}31\frac{1}{2}$
Paris	Francs für Pfund Sterling	$25{,}22\frac{1}{2}$	$108{,}62\frac{1}{2}$
Prag	Kronen für Pfund Sterling	24,02	164,—
Rio de Janeiro .	Pence für Milreis	27,— Pence	$5{,}34\frac{3}{8}$
Schweiz	Francs für Pfund Sterling	$25{,}22\frac{1}{2}$	$25{,}03\frac{3}{4}$
Shanghai. . . .	Schilling für Tael	32,50 Pence	$3{,}2\frac{9}{16}$
Singapore . . .	Schilling für Dollar	28,—	$2{,}4\frac{3}{16}$
Sofia	Lewa für Pfund Sterling	$25{,}22\frac{1}{2}$	675,—
Stockholm . . .	Kronen für Pfund Sterling	18,159	$18{,}11\frac{3}{4}$
Valparaiso . . .	Pesos für Pfund Sterling	13,33	—
Warschau . . .	Zloty für Pfund Sterling	$25{,}22\frac{1}{2}$	$25{,}37\frac{1}{2}$
Wien	Schilling für Pfund Sterling	$34{,}58\frac{1}{2}$	$34{,}57\frac{1}{2}$
Yokohama . . .	Schilling für Yen	24,58 Pence	$1{,}8\frac{3}{16}$

Ein bezeichnendes Beispiel für die Wirkung der Valutaschwankungen selbst für Länder mit nicht eigentlich zerrütteter Wirkung

57) Entnommen den Berichten der Commerz- und Privatbank.

ist das folgende: Der außerordentliche Aufschwung, der unmittelbar nach dem Kriegsende im Warenabsatz Britisch-Indiens einsetzte, trieb den Wechselkurs zeitweilig beträchtlich in die Höhe, nämlich auf 2 sh 10 d (vgl. die Parität in der soeben gegebenen Tabelle). Der Rückschlag im Handel bewirkte aber dann eine Senkung des Rupienkurses zeitweilig unter 1 sh 4 d. Daraufhin erklärten die indischen Kaufleute, an ihre Verträge nicht gebunden zu sein. Ungeheuere Mengen von Waren blieben in den Händen der Verfrachter. Eine allgemeine Desorganisation des Geschäfts war die Folge. Man erklärte, die Regierung habe den Kurs 1 Rupie gleich 2 sh garantiert. Auswärtige Kunden Indiens haben seit dieser Zeit vielfach andere Vertragsmethoden gegenüber den indischen Geschäftsleuten angewandt, nicht zum Nutzen der letzteren.

So bedeutsam nun die Zerrüttung der Wechselkurse für die Desorganisation der Weltwirtschaft und die weitere Verminderung des Welthandelsvolumens ist, man schließe nicht daraus, daß eine Stabilisierung der Währung überall sofort die umgekehrte Wirkung einer Besserung des Welthandels herbeiführen müsse. Ein solcher Trugschluß würde nämlich übersehen, daß eine Stabilisierung, die an Stelle einer bisherigen Inflation tritt, zunächst an der Kaufkraft des betreffenden Landes insofern wenig ändert, als durch die Stabilisierung lediglich das Ärmerwerden und die verringerte Kaufkraft des betreffenden Landes, die durch die Inflation verdeckt waren, nunmehr offen hervortreten. Stabilisierung bedeutet in solchem Falle: öffentliche Feststellung der Verarmung. So wichtig und unerläßlich sie ist, um dem weiteren Verfall der von der Inflation ergriffenen Wirtschaft vorzubeugen, sie kann wohl einen Anfang zu allgemeiner Gesundung bedeuten, nicht aber Verlorenes wieder ersetzen oder die alte Kaufkraft aus sich heraus wieder herstellen. Dies vielmehr hängt von ganz anderen Notwendigkeiten ab, die zum Teil keineswegs etwas mit der Währung zu tun haben. Wir erleben das an unserer eigenen Wirtschaft. Es wäre also verfehlt, anzunehmen, daß die Stabilisierung die Wirkung der Inflation, soweit sie auf eine Verminderung des Einfuhrvolumens gerichtet war, einfach durch den Zustand ersetze, der bezüglich der Einfuhrmengen geherrscht hätte, wenn niemals eine Inflation dagewesen wäre. Der Wert der Stabilisierung für die Außenhandelswirtschaft liegt zunächst lediglich darin, daß die Unsicherheit im geschäftlichen Leben verschwindet. Und wenngleich in einem Lande einst inflatierter, dann stabilisierter Währung die Kaufkraft für Auslandswaren — ceteris paribus — nicht größer zu sein verspricht als etwa zu dem Zeitpunkt des Währungsverfalls, sondern diesem gegenüber einen durch die Verarmung herbeigeführten Rückgang aufweist, so ist doch der gewaltige Vorteil der Stabilisierung — auch für das Welthandelsvolumen — darin zu erblicken, daß nun wenigstens die Basis der außenwirtschaftlichen Geschäftsbetätigung, so eng sie auch sein mag, für das betreffende Land und seine Lieferanten, soweit die Währung in Frage kommt, keinen Schwankungen mehr unterworfen ist.

Wir haben damit die Erörterung der Erschlaffung des weltwirtschaftlichen Warenaustausches und des Tiefstandes der internationalen Handelsvolumens beendet, soweit sich diese Erörterung auf die Wirkungen der weltwirtschaftlichen Desorganisation nach dem Kriege bezog. Diese Desorganisation mag mittelbar durch die Fehler der internationalen Wirtschaftspolitik der Siegerländer stark beeinflußt worden sein, sie stellt sich trotzdem als elementares, dem unmittelbaren Einfluß der Wirtschaftspolitik des einzelnen Landes entzogenes Gesamtereignis dar, das katastrophenhaft über die bisherige friedliche Entwicklung der Weltwirtschaft hereingebrochen ist. Anders steht es mit den Tatsachen, die ebenfalls zu einer starken Verringerung der weltwirtschaftlichen Arbeitsteilung und einem Rückgang des Weltaußenhandelsvolumens (besonders verglichen mit seiner früheren Fortschrittlichkeit) führen mußten und müssen, aber auf die planmäßige Entwicklung und den bewußten Willen der beteiligten Wirtschaftsstaaten zurückzuführen sind. Wir haben deshalb von vorneherein die in der Desorganisation der Weltwirtschaft liegenden Momente der Verringerung des Welthandels von der Tatsache einer größeren Selbstversorgung der Länder getrennt, der wir uns nunmehr zuwenden.

III. DIE VERRINGERUNG DES WELTWIRTSCHAFTLICHEN WARENABSATZES ALS WIRKUNG DER VERSTÄRKTEN SELBSTVERSORGUNG

1. DIE ALLGEMEINE TENDENZ GRÖSSERER WIRTSCHAFTSAUTONOMIE NACH DEM WELTKRIEGE

Das Bestreben nach größerer Selbstversorgung, zumeist unter besonderer Betonung der „Notwendigkeit", sich von Einfuhren zu emanzipieren, macht sich seit dem Abschluß des Weltkrieges in fast allen Ländern, freilich besonders stark in überseeischen Ländern, bemerkbar. Die Ursachen hierfür sind verschiedener Art.

Überall wo bisher in der Geschichte Kriege zu einer Absperrung einzelner Länder von dem Weltmarkt geführt haben, kann man das Bestreben der an solcher Absperrung profitierenden Interessenten erkennen, die Wirkungen derselben auch im Frieden nicht preiszugeben. Die Wirkung der napoleonischen Kontinentalsperre war, daß die englischen Grundbesitzer durch hohe Getreidezölle den Versuch machten, die durch die Absperrung Englands von der Einfuhr erhöhten Grund- und Pachtrenten auch nach 1815 festzuhalten. Gleichzeitig suchte sich der Kontinent durch Zollschutz von der englischen Industrie zu schützen, da es hieß, daß auf die Invasion der französischen Krieger die Invasion der englischen Waren folgen werde. Erst mit dem Jahre 1846, der Beseitigung des Schutzzollsystems in England, begann eine freihändlerische Epoche die schutzzöllnerischen Nachwirkungen der napoleonischen Kriege in der ganzen Welt abzulösen.[58])

58) Sehr interessant ist die gleiche Entwicklung in den Vereinigten Staaten. In seiner handelspolitischen Geschichte der Vereinigten Staaten „The Tariff History of the United States", London 1914, schreibt Prof. Taussig (S. 23) über die Zeit nach 1819: „Die Abnahme der auswärtigen Nachfrage und das Fallen der Preise der Stapelartikel entfachte natürlich einen Schrei nach Sicherung des heimischen Marktes." Vgl. auch S. 19ff.

Der Weltkrieg hat, dadurch daß er sich auf die Weltmeere erstreckte, und vermittelst des Seekrieges und seiner Wirkungen auf die Handelsschiffahrt für die Bezieher von Waren in Singapore oder Kapstadt die gleichen Folgen schuf wie für die Exporteure Londons oder Neuyorks, Nachteile und „Vorteile" der Absperrung über die ganze Welt verbreitet. Das Steigen der Frachtraten um zeitweilig 2000%, der ungeheuere Frachtraummangel, insbesondere wieder für Schiffahrtsgebiete, die dem kontrollierenden Einfluß der Seekrieg führenden Mächte unterlagen oder bisher von der Handelsflotte Englands abhängig gewesen waren, schuf eine Verknappung an bisher eingeführten Waren, die, von den Konsumenten und Verbrauchern über See peinlich empfunden, den Anreiz zur eigenen Erzeugung enorm steigerte und vor allem durch das Medium der Preisbildung die Rentabilität solcher Erzeugungen auf eine Höhe hob, die kein Zollschutz jemals hätte gewährleisten können. Kein Umstand hätte den schon vorhandenen Bestrebungen der Überseeländer, eigene Industrien auszubilden oder die in der Entwicklung befindlichen in ihrem Wachstum zu beschleunigen, stärker fördern können als diese durch den Frachtraummangel herbeigeführte „Weltwirtschaftssperre".

Dazu kam, daß an eine Reihe auch dieser Länder die spezielle Frage herantrat, den unmittelbaren Kriegsbedarf durch Erweiterung der eigenen Erzeugung zu befriedigen, wobei natürlich in erster Linie an die Vereinigten Staaten, aber auch an die industrielle Erzeugung Kanadas oder Indiens, zu denken ist. Pessimistische Betrachtungen über die Zukunft der erweiterten Produktionsgehäuse spielten in einer Zeit, da es ausschließlich darauf ankam, den „Krieg zu gewinnen", keine Rolle. Auch die Kosten der Neuerzeugung blieben unbeachtet. „Der Vorrat ist alles, der Preis nichts", — das war die Parole, mit welcher zunächst noch so kostspielig scheinende Produktionen in Angriff genommen wurden.

Nach Beendigung des Krieges blieben zahlreiche Erzeugungen, vor allem auch zahlreiche „Ersatz"-Verfahren, welche zunächst als Aushilfemittel in der Not angesehen worden waren, bestehen, andere versuchte man durch Schutzzölle zu erhalten, wobei in den europäischen Ländern zumeist der Gedanke geltend gemacht wurde, daß die Rücksicht auf wiederkommende Abschnürung im Kriege die Erhaltung der Selbstversorgung bedinge. Erinnert sei nur an die Zollpolitik Englands nach dem Kriege (Mac Kenna-Zölle), das den Schutz auf die sogenannten „pivotal" industries oder key-industries als Gebot der Kriegsvorsorge ansah und insbesondere der neuentstandenen Farbenindustrie seine staatliche Fürsorge zuwandte. Aber auch die Entstehung einer eigenen Margarineindustrie, die Erweiterung der elektrischen und optischen Industrie in England sind spezifische Folgen des Krieges und seiner Tendenzen zur Unabhängigmachung vom Auslande. Andererseits blickt England heute besorgt auf die während und zum Teil auf Grund der Kriegsverhältnisse gesteigerte Unabhängigkeit vieler Länder oder besonderer Wirtschaftsgebiete derselben vom Bezuge ausländischer, speziell englischer Kohle durch die starke Ausdehnung der Groß-Kraftwerke einerseits und die Steigerung des Braunkohlen-Bergbaus andererseits.[59]) In Deutschland z. B. ist die Erzeugung von Braunkohle von 87 Millionen Tonnen im Jahre 1913 auf 124,4 Millionen (trotz der Gebietsverringerung) gestiegen.[60]) In Frankreich wiederum hat sowohl die schon während des Krieges in den nicht zerstörten Gebieten begonnene, dann in dem Wiederaufbau fortgeführte Neuerrichtung (nunmehr völlig modern ausgestatteter) Fabriken die Unabhängigkeit von der Einfuhr wesentlich gesteigert.[61])

Das englische Departement of Overseas Trade berichtete im Jahre 1924, daß Frankreich während des Krieges zwar fast aller seiner Wollwarenfabriken beraubt gewesen sei, dagegen an den Orten Vienne, Lyon, Castres, Mazamet usw. neue Fabriken errichtet und nach dem Kriege erweitert, gleichzeitig die Fabriken in den

59) Vgl. Overseas Markets S. 10: „Das Anwachsen der Braunkohlenerzeugung in Deutschland sowie die Entwicklung der Wasserkraftausnützung, von der verschiedentlich in unseren Berichten die Rede ist, haben beide dazu beigetragen, die bisherige Kohleneinfuhr in gewissen Märkten zu verringern."

60) Nach Angaben des Deutschen Braunkohlen - Industrievereins (Halle).

61) Vgl. Overseas Markets S. 58: „Das Resultat der Verpflanzung von Industrien auf Grund der deutschen Besetzung kann in ganz Frankreich konstatiert werden. In Paris und seinen Vorstädten, im Bezirk von Lyon, in der Nähe von Marseilles usw., in vielen kleinen Zentren sind bedeutende neue Fabriken entstanden, in vielen Fällen mit einer Ausstattung, die vor dem Kriege in Frankreich bei ähnlichen Werken unbekannt gewesen ist."

alten Zentren wieder aufgebaut habe. Die Folge sei, daß heute die französische Wollindustrie eine größere Zahl von überaus leistungsfähigen, mit aller modernen Technik ausgerüsteten Fabriken besitze und daher im Jahre 1924 weit „größere Möglichkeiten der Erzeugung aufweise als 1914".[62])

Zu diesen Momenten wachsender Selbstversorgung kommt endlich noch die Tatsache, daß die „Friedens"-Verträge zur Bildung einer Reihe neuer und autonomer Staaten führten, die schon aus rein gefühlsmäßig-nationalistischen Gründen alles versuchen, um möglichst viele Waren innerhalb der eigenen Grenzen zu erzeugen. Mit Recht schrieb der Engländer J. C. Hamilton im Daily Chronicle[63]): „Diese jungen Staaten haben keine andere Tradition als die der Selbstanerkennung und keine Erfahrung in der Unabhängigkeit ihres Lebens. Ihr erster Instinkt richtet sich darauf, ihre Grenzen in chinesische Mauern zu verwandeln." Im Zusammenhang mit der politisch-territorialen Umstellung Europas durch die „Friedens"-Verträge ist die Zahl der unabhängigen Zollverwaltungen in Zentral- und Osteuropa annähernd verdoppelt worden.[64]) Schon diese Tatsache allein ist bezeichnend für die stärkere gegenseitige Absperrung von Wirtschaftsgebieten und deren Bestreben, die handelspolitische Selbständigkeit nun auch durch eine möglichst große Selbständigkeit auf wirtschaftlichem Gebiete zu ergänzen.

Es ist selbstverständlich im nationalen Einzelfalle überaus schwer zu entscheiden, inwieweit die Selbstversorgung während des Krieges und nachher in erster Linie durch die unmittelbaren Erfordernisse des Krieges und die durch ihn bewirkte Desorganisation der Weltwirtschaft, inwieweit sie durch die Maßnahmen zielbewußter handelspolitischer Absperrung gesteigert worden ist. Wir müssen uns damit zufrieden geben, zunächst die wichtigsten Entwicklungen dieser Selbstversorgung in einzelnen Ländern wiederzugeben, ohne den besonderen Einfluß der soeben aufgezählten Faktoren im einzelnen nachzuprüfen.

---

62) Vgl. Department of Overseas Trade. „Economic Conditions in France", 1924. Desgl. Economist vom 29. August 1925. S. 334.
63) Vgl. Levy, Grundlagen der Weltwirtschaft. S. 149.
64) Vgl. Overseas Markets. S. 16.

2. DIE ENTWICKLUNG DER GESTEIGERTEN ÜBERSEEISCHEN EIGENERZEUGUNG IN EINZELNEN LÄNDERN

a) DIE VEREINIGTEN STAATEN VON AMERIKA

Kein Land hat in seiner industriellen und kommerziellen Expansivkraft stärker vom Weltkrieg profitiert als die Vereinigten Staaten von Amerika. Es darf hier daran erinnert werden, daß es nicht das erstemal in der modernen Wirtschaftsgeschichte ist, daß die Vereinigten Staaten von dem Vorhandensein europäischer Wirren die Wirkung einer Stimulierung ihrer eigenen Industrien verspürt haben. Im Jahre 1809 wurde der Non-Intercourse-Act erlassen, der in Verbindung mit späteren Bestimmungen in der Napoleonischen Zeit den Handel mit England einschnürte. Außerdem wurden die Zölle auf englische Waren verdoppelt. Diese Maßnahme war jedoch belanglos, da tatsächlich so gut wie jede Einfuhr aus England fernblieb. Diese Umstände gaben, wie Taußig schreibt, denjenigen Zweigen der Industrie, deren Erzeugnisse bisher eingeführt worden waren, einen enormen Anreiz. Unternehmungen zur Herstellung von Baumwollwaren, Wolltuchen, Glas, Porzellan und anderen Gütern schossen wie Pilze aus der Erde.[65])

Der Weltkrieg bietet zum zweiten Male in der Wirtschaftsgeschichte der Union das Beispiel eines geradezu unerhörten Aufstieges auf Grund der wirtschaftlichen, jetzt allgemeinen Kriegsverhältnisse und durch die Frachtraumnot herbeigeführten Lostrennung von der europäischen Wirtschaft. Zu Ende des Weltkrieges wird dann diese Entwicklung noch dadurch verstärkt, daß der von den ersten Tagen des Krieges an als Kriegslieferant profitierende Staat selbst in den Krieg eintritt und damit seiner Industrie neue und alles bisherige Maß überschreitende Aufträge erteilt.

Der englische Bericht, der sich mit den „Übersee-Märkten" beschäftigt, versucht den Nachweis der industriellen Expansion der Vereinigten Staaten aus einer Tabelle, welche nach den Angaben des Zensus-Bureaus die Zahl der beschäftigten Industriearbeiter einerseits und die Werte der hergestellten Waren andererseits wiedergibt. Es ergibt sich daraus, daß die Zahl der industriell beschäf-

65) Vgl. Taussig a. a. O. S. 16—17.

tigten Arbeiter im Jahre 1904 5,4 Millionen, im Jahre 1919 9 Millionen betrug[66]), gewiß eine überaus stattliche Steigerung. Allein, der Bericht hat übersehen, daß diese Ziffer unmittelbar nach den Aufschwungsjahren der ersten Nachkriegszeit eine wesentliche Einschränkung erfuhr, nämlich im Jahre 1921 auf 6,9 Millionen und damit sogar unter das Jahr 1914 zurückging, in welchem die Zahl der Industriearbeiter mit 7 Millionen angegeben worden war. Ebenso betrug der Wert der hergestellten Industrieerzeugnisse (14 Industriegruppen, exklusive Handwerk und Heimarbeit)[67]):

	1000 Dollars
1904	14 802 147
1914	24 246 435
1919	62 418 283
1921	43 653 283

Selbst wenn man bei diesen Ziffern die Preisunterschiede der Jahre berücksichtigt, wird man also zwar eine außerordentlich große Steigerung der Werterzeugung zwischen 1914 und 1919 beobachten, die in diesem fünfjährigen Zeitraum über dreimal so groß ist wie in dem zehnjährigen von 1904—1914, aber auch hier wird der Rückschlag ersichtlich, selbst wenn man wiederum die Senkung der Preise nach der ersten Hochkonjunkturperiode der Nachkriegszeit berücksichtigt. Erst neuere, bisher leider nicht erhältliche Ziffern können also darüber belehren, wieviel von dem gesteigerten Erzeugungsapparat unter Zugrundelegung normaler Konjunkturen wirtschaftlich tätig bleiben konnte.

Diese statistische Feststellung aber hindert nicht, aus vielen anderen Symptomen die Steigerung der amerikanischen Industrietätigkeit zu erkennen. Hierzu gehört vor allem die Tatsache der bedeutenden Steigerung der amerikanischen Kohlenerzeugung gegenüber dem gleichzeitigen Rückgang oder geringen Fortschritt der Erzeugung in den anderen wichtigsten Kohlengebieten der Welt, sicherlich ein Beweis für die industrielle und verkehrsmäßige Expansion in den Vereinigten Staaten und den Rückgang des Verbrauches von Industrie und Verkehr in Europa. Die Vereinigten Staaten erzeugten im Jahre 1913 517 Millionen Tonnen Kohle, im Jahre 1923 dagegen

66) Vgl. Overseas Markets. S. 457.
67) Vgl. Statesman Yearbook. S. 469.

581 300 Millionen. Demgegenüber betrug die Kohlenerzeugung in England im Jahre 1923 280 Millionen gegen 292 im Jahre 1913, in Deutschland hätte sie inklusive Saargebiet, Oberschlesien und Elsaß-Lothringen nur ca. 101 Millionen Metertonnen gegen ca. 239 Millionen im Jahre 1913 betragen; in ganz Europa betrug sie nur 548 967 000 Metertonnen gegenüber 609 749 000 Metertonnen im Jahre 1913.[68]) Ebenso bezeichnend für die Lage der Vereinigten Staaten sind folgende, freilich ebenfalls stark schwankende Ziffern[69]):

	Erzeugung von					
	Roheisen (1000 Tonnen)			Rohstahl (Ingots) (1000 Tonnen)		
	1913	1923	1924	1913	1923	1924
Vereinigte Staaten . .	30008	40026	31000	31301	44944	37800
Großbritannien . . .	10260	7440	7400	7644	8482	8250
Frankreich	5126	5346	7500	4641	5029	6850
Belgien	2428	2154	2800	2428	2250	2850
Deutschland	19000	4400	8200	18631	5900	8500
Welterzeugung . . .	77182	66471	64630	75019	75096	73575

Man erkennt, wie außerordentlich schwankend das Bild der amerikanischen Erzeugung je nach der konjunkturalen Lage — z. B. 1923 gegenüber 1924 — zu sein pflegt. Aber diese Wahrnehmung betrifft lediglich die tatsächliche Ausnützung, nicht das Vorhandensein des vergrößerten Industriegehäuses. Daß Amerika im Jahre 1923 bei entsprechender Nachfrage seine Stahlerzeugung um nicht weniger als 13—14 Millionen Tonnen über das Niveau von 1913 steigern konnte, daß also allein diese Steigerung etwa ebensoviel betrug wie in jenem Jahre die Erzeugung von Deutschland, Frankreich und Belgien zusammengenommen, beweist zur Genüge den Expansionsgrad der amerikanischen Erzeugung seit dem Kriege.

Ebenso zeigen die Ziffern des Verbrauchs von Baumwolle eine beträchtliche Erhöhung, welche auf das Anwachsen der amerikanischen Baumwollindustrie hinweist. Der Verbrauch von Baumwolle wird für das Jahr 1910 mit 4 759 000 Ballen, dagegen für 1923 mit 7 350 000 und 1924 mit 6 225 000 Ballen angegeben. Die Zahl der Spindeln hat sich seit 1914 für Baumwolle von 31 703 863 auf

68) Vgl. Statesmans Yearbook 1925. S. XIX.
69) Vgl. Statesmans Yearbook 1925. S. XIX.

34609471, für Seide von 2159271 auf 2669459, für Wolle von 2079626 auf 2345286, für Kammgarn von 2227739 auf 2287612 erhöht.

Auch die Erhöhung der Fabrikatausfuhr der Vereinigten Staaten, wie sie früher schon gegeben wurde und bei den Fabrikaten 48,2% im Jahre 1923 gegenüber 1913 ausmachte, darf ebenfalls als Zeichen erhöhter Produktionskraft angesehen werden. Es ist zwar zu bedenken, daß allein in der Höhe der Ausfuhr nicht der Beweis erweiterter heimischer Erzeugung zu liegen braucht, weil die Steigerung der Ausfuhr ja mit einem Rückgang des heimischen Verbrauches verbunden sein kann (was im Frieden oft der Fall war), also diesen eventuell nur ausgleicht. Allein, dieser Fall ist für die Vereinigten Staaten des letzten Jahrzehntes nicht anzunehmen. Im Gegenteil, schon allein die gewaltige Zunahme der Gesamtbevölkerung von 91972000 im Jahre 1910 auf 105710000 Millionen im Jahre 1920 und um weitere 7 Millionen Menschen — das ist eine größere Ziffer als die Gesamtbevölkerung Australiens — vom 1. Januar 1920 bis 1. Januar 1924 läßt darauf schließen, daß die absolute Zunahme des heimischen Bedarfs an Industriewaren außerordentlich groß gewesen ist, und da die Einfuhr in Rücksicht auf die erhöhten Preise keine besonders auffallende Steigerung zeigt (1913: 1,813; 1923: 3,792 Millionen Dollars), so ergibt sich, daß das Produktionsgehäuse im Lande selbst überaus stark erweitert worden sein muß, wenn es außer der wachsenden Versorgung des Binnenmarktes noch eine so erhebliche Steigerung der Ausfuhr zuließ.

b) CANADA

Bezeichnete man bisher die Vereinigten Staaten als das „Land der unbegrenzten Möglichkeiten", „Das Land der Zukunft", so gesellt sich ihnen heute Kanada als nicht minder berechtigt zu solchen Prädikaten an die Seite.

Man benötigt nur einige, das allgemeine Emporsteigen Kanadas charakterisierende Ziffern, um dies zu erkennen. Kanadas Ausfuhr ist von 198 Millionen Dollar (kanadischer Währung) im Jahre 1904 auf 431,5 Millionen im Jahre 1914 gestiegen, dann bis 1924 auf weitere 1045 Millionen Dollar, eine Steigerung, die also selbst unter Berücksichtigung der Preissteigerungen enorm ist. Im Jahre 1915 betrug der Anbau von Feldfrüchten (vornehmlich Weizen und Hafer) ca. 37 Millionen acres, im Jahre 1923 ca. 56 Millionen acres. Die Weizenernte betrug noch im Jahre 1916 ca. 160 Millionen Bushels, im Jahre 1924 nach den letzten Schätzungen 271 Millionen Bushels. Ähnliche Steigerungen weisen Viehzucht, Molkereiwesen und andere Zweige landwirtschaftlicher Art auf. Die unermeßliche Bedeutung der kanadischen Wälder wird dadurch charakterisiert, daß im Jahre 1903 die Ausfuhr von Holz, Holzerzeugnissen und Papier 42 Millionen, im Jahre 1914 63 Millionen Dollar ausmachte, im Jahre 1923 dagegen nicht weniger als 229 Millionen Dollar! Dazu kommt Kanadas Bedeutung als Mineralerzeuger in der Welt — es hat eine monopolistische Stellung in der Nickelerzeugung, ist bedeutend als Lieferant von Kupfer, Blei und Zink, hat bedeutende, noch zu erschließende Eisenerzlager, es steht weltwirtschaftlich als Lieferant von Fellen, ganz besonders nach der Zerrüttung Rußlands, an der Spitze und besitzt eine ausgedehnte, sehr ertragreiche Fischerei, die nach England und den Vereinigten Staaten die bedeutendste der Welt ist.

Das Streben eines solchen Landes, seine ausgiebigen natürlichen Reichtümer in Form einer Fertigverarbeitung zu verwerten, ist begreiflich. Dazu kommt, daß das Beispiel des „großen Bruders" an der westlichen Grenze anstachelnd auf den nationalen Ehrgeiz der Kanadier wirkt und daß die durchaus nicht kanada-freundliche Wirtschaftspolitik der Amerikaner, die gerade in letzter Zeit vielfach zu handelspolitischen Mißstimmigkeiten und Plänkeleien führte (z. B. das Bestreben der Amerikaner, mehr Holz, weniger verarbeitetes Holz, mehr Zellulose, aber weniger Papier aus Kanada einzuführen oder die Belastung der kanadischen Weizen- und Weizenmehlausfuhr, die in gewisse Grenzgebiete der Union geht, mit Zöllen), ebenfalls zur Hebung des Selbstversorgungsbestrebens auch in Fabrikaten beitrug.

Unverkennbar läßt sich eine stärkere Industrialisierung Kanadas bemerken. Zitieren wir den Bericht der „Überseeischen Märkte": „Die Unmöglichkeit, sich während des Krieges mit europäischen Waren wie bisher zu versorgen, hat zu einer rapiden Entwicklung der Industrien Kanadas und seines Exporthandels geführt. Die Gesamtzahl der industriellen Unternehmungen betrug im Jahre 1920

42406 gegenüber 14600 im Jahre 1900. Das investierte Kapital ist von 447 Millionen auf 3439 Millionen Dollar gestiegen. Der Wert der Erzeugnisse von 481 Millionen auf 4019 Millionen (Preise!)." Auch der Anteil der Fabrikate an der Ausfuhr hat sich gehoben. Im Jahre 1913/14 betrug der Anteil von Fabrikaten an der Wertausfuhr im ganzen 27%, im Jahre 1923 hingegen 39%. Bedenkt man, daß Kanada heute in der Lage ist, Roheisen nach den Vereinigten Staaten, Stacheldraht nach Japan, landwirtschaftliche Maschinen nach Belgien und Frankreich, Nähmaschinen nach Argentinien und Brasilien zu exportieren, daß sich aber auch Erzeugungen, wie z. B. Seife, so stark exportmäßig entwickeln konnten, daß im Jahre 1924 ca. 4 Millionen englische Pfund exportiert werden konnten, während im Jahre 1922 erst 800000 exportiert wurden, so wird man ohne weiteres erkennen, wie stark heute auch der kanadische Innenmarkt schon von der Versorgung mit heimischen Erzeugnissen erfaßt wird. Unbedingt wesentlich für die Beurteilung der Industrialisierung Kanadas ist auch die Entwicklung der Ausnutzung seiner Wasserkräfte. Bisher sind nur 7% der ausnutzbaren Wasserkräfte durch Turbinenanlagen verwertet worden. Immerhin verfügt Kanada heute über 2973000 ausgenutzter P.S., das Netz der Kraftübertragung zieht in einer Länge von 21000 Meilen von Neu-Schottland bis zum Yukon. Auf je 1000 der Bevölkerung kommen heute schon 338 P.S. hydraulischer Kraft, gegenüber nur 100 P.S. in den Vereinigten Staaten. Dieses Ziffernergebnis läßt Kanada nach Norwegen als das Land der stärksten Wasserkraft-Ausnutzung pro Kopf der Bevölkerung erscheinen.

Als wichtiges Triebmittel der kanadischen Selbstversorgung mit gewissen Fabrikwaren kommt die Affinität des Geschmacks mit den Vereinigten Staaten in Betracht. Es ist bezeichnend, daß der Bericht über die Überseemärkte besonders hervorhebt, nicht „Ozeane" — wie es bei England und Kanada der Fall sei —, sondern nur „Grenzen" trennten beide Länder. Die Gleichartigkeit des Geschmackes und des Lebensstils, verbunden mit derselben Zugänglichkeit für amerikanische Reklamemethoden, haben die Amerikaner veranlaßt, Zweigniederlassungen in Kanada zu gründen, die natürlich die dortige Selbstversorgung steigern. Man schätzt dieselben auf 700—1000.

c) INDIEN

Ganz anders ist das Bild der gesteigerten und für die europäischen Exportmärkte überaus bedeutsamen Selbstversorgung Indiens.

Hier konzentriert sich das Interesse auf die Textilindustrie. Die Heranbildung einer eigenen Baumwollfabrikation ist ein Ideal Indiens seit langem gewesen und niemand wurde in Indien als gefährlicherer Konkurrent angesehen als das Mutterland. Die politischen Mißstimmungen verstärkten das Bestreben, Lancashire durch indische Erzeugnisse zu ersetzen. Diese Bestrebungen kamen — wir sehen hier von der in einem anderen Abschnitt zu besprechenden Zollpolitik ab — vor allem in der Schaffung von staatlichen Organen zum Ausdruck, welche die Verselbständigung des wirtschaftlichen Indiens fördern sollen. Man findet eine Indian Industrial Commission, die zu Ende des Krieges einen Imperial Industries Board schafft. In jeder einzelnen Provinz wurden daraufhin besondere Industrieämter vorgesehen. Der Exekutivbevollmächtigte dieser Ämter hat sich mit der Entwicklung der Industrie in seiner Provinz zu beschäftigen, dieselbe anzuregen, ihr wichtige Nachrichten zu geben. Auch eine beginnende sozialpolitische Gesetzgebung (Indian Factories Amendment Act 1922) zeichnet diese neue Entwicklung aus.

Was nun die Resultate dieser Förderungspolitik angeht, so kommt natürlich in erster Linie eine Betrachtung der Textilindustrie in Frage. Hier zeigt es sich, daß weder die Zunahme der Spindelzahl, noch die Herstellung von Baumwollgarnen als Ganzes eine besonders markante Zunahme seit 1913 zeigt. Die Zahl der Spindeln betrug im Jahre 1913 6495012, sie stiegen dann im Jahre 1911 auf fast 7 Millionen, werden aber für das Jahr 1922 auch nicht höher als 6,8 Millionen angegeben.[70]) Selbst gemessen an der Welt-Spindelzahl von 1913, die 142 Millionen betrug, ist das keine ins Gewicht fallende Ziffer. Bei der Erzeugung von Garnen ist zwischen der Herstellung feinerer und gröberer Garne wesentlich zu unterscheiden. Nach den Angaben des indischen Handelskommissars H. A. Lindsay scheint ein Fortschritt der Erzeugung nur in der Herstel-

70) Vgl. Statesmans Yearbook 1917, S. 145 und 1925, S. 148.

lung gröberer Garnnummern zu konstatieren zu sein. Es betrug die indische Erzeugung von Garnen in 1000 Pfunden[71]):

Nummer	Vorkriegs-Durchschnitt	1923—1924
1—20	478538	403440
21—30	146363	181747
31—40	18699	19666
über 40	2655	5949

Aber nicht die Eigenerzeugung von Garnen ist für die nach Indien exportierenden Länder das Entscheidende, sondern diejenige von Baumwollfabrikaten (Stückwaren). Betrug doch z. B. die Einfuhr von Baumwollgarnen aus England in Indien im Jahre 1922 nur 4,5 Millionen Pf. Sterling, gegenüber einer Einfuhr von über 30 Millionen Pf. Sterling in Baumwollfabrikaten (piece goods). Hier nun zeigt die indische Industrie einen erheblichen Fortschritt. Es betrug nämlich die Erzeugung derselben in indischen Fabriken:

	1913/14	1920/21	1923/24
Millionen Yards	1164,3	1580,8	1700,4

Es wird sich fragen, inwieweit Indien in der Lage ist, diesen Fortschritt seiner Selbstversorgung aufrechtzuerhalten. Im Jahre 1924 und 1925 war die Geschäftslage der indischen Webereien keine günstige, die Lagerbestände waren groß und die Klagen über japanischen Wettbewerb heftig.[72]) Daß andererseits die Steigerung der heimischen Gewebeerzeugung Indiens nicht unwesentlich dazu beitrug, in den Zeiten der wirtschaftlichen Nachkriegsdepression die Einfuhr zu mindern, zeigt die Tatsache, daß die Einfuhr von Stückwaren seit 1913 in Millionen Yards folgende Ziffern zeigt:

	1913/14	1923/24
Rohe Baumwollgewebe.	1534,2	704,0
Baumwollgewebe, gebleicht . .	793,3	415,4
Baumwollgewebe, gefärbt . . .	831,8	347,5

71) Vgl. dessen Aufsatz im Manchester Guardian Commercial vom 4. Juni 1925.

72) Vgl. Manchester Guardian Commercial vom 13. August 1925. „The industrial Difficulties of India.“

d) JAPAN

„Japans Aufsteigen als Industriemacht kennt nicht ihresgleichen in der modernen Geschichte", erklärt der Balfour-Bericht einleitend und verweist dabei besonders auf die Entwicklung der letzten zehn Jahre.[73]) Es handelt sich hierbei nicht um das Hervortreten dieser oder jener Industrie, für welche Japan besonders vorteilhafte natürliche Vorbedingungen besitzt, als vielmehr darum, daß dieses Volk, dessen Menschenzahl von 47,2 Millionen im Jahre 1904 auf fast 56 Millionen im Jahre 1920 anwachsen konnte, mit beispielslosem Geschick verstand, die wirtschaftlichen, technischen und in den Arbeitsmethoden liegenden Errungenschaften der klassischen europäischen Industrieländer zu studieren und anzuwenden und hierbei die Nähe der großen Absatzmärkte des fernen Ostens, besonders während des Krieges, auszunutzen.

Folgende Tatsachen verdienen Beachtung: Die Baumwollspinnerei — eine Errungenschaft Japans aus nicht zu langer Zeit — steht heute an der Spitze seiner Industrien. Die Zahl der täglich in Betrieb befindlichen hat sich im Durchschnitt von 1,9 Millionen im Jahre 1911 auf 4,2 Millionen im Jahre 1923 gesteigert. Auch hier freilich hat seit 1922 eine starke Absatzkrisis eingesetzt, die vor allem kleinere der neuen Unternehmungen traf, außerdem haben die Erdbeben den Bestand der Spindeln um ca 10% verringert. Die Steigerung der Webwarenfabrikation — sowohl derjenigen baumwollener, wie seidener, wollener und gemischter Gewebe — ist allgemein. Der Wert der Erzeugung betrug im Jahre 1911 337 Millionen Yen, im Jahre 1921 1474 Millionen. Die Strumpfwarenindustrie Japans ist während des Krieges zu stärkster Entfaltung gelangt, wie sie merkwürdigerweise stets in Zusammenhang mit japanischen Kriegen gestanden hat: denn sie entwickelt sich zuerst als Hausindustrie im Jahre 1868 als Heeresfabrikation, wird dann von dem Krieg zwischen Japan und China nach 1894 und vom Russisch-japanischen Kriege von 1904—1905 begünstigt, während sich während des Weltkrieges Japans Ausfuhr auf diesem Gebiete verdoppelt. Nach der Textilindustrie ist Japans Elektrizitätsindustrie die

73) a. a. O. S. 416.

wichtigste, deren Förderung infolge der schwachen eigenen Versorgung mit Kohle oder Petroleum gebieterisch war. Die starke Ausdehnung der Elektrizitätsversorgung hat einerseits durch die verringerte Notwendigkeit der Kohleneinfuhr bedeutend zur Selbstversorgung Japans beigetragen, andererseits eine Fabrikation von elektrischen Apparaten, Lampen und Zubehör geschaffen, die in einer Steigerung der Fabriken von 26 im Jahre 1914 auf 41 im Jahre 1918 zum Ausdruck kam. Der japanische Schiffbau, der während des Krieges stark gesteigert wurde, hat auf Grund der allgemeinen Depression in der Werftindustrie heute wiederum Rückschritte aufzuweisen. Immerhin betrug die Zahl der großen Werften im Jahre 1921 noch 27 gegen 6 im Jahre 1913. Die Eisen- und Stahlindustrie verzeichnet ebenfalls seit 1913 erhebliche Fortschritte und versorgt trotz der Mineralienarmut Japans ca. 25% des heimischen Bedarfes. Die Zahl der Fabriken auf diesem Gebiet stieg von 22 vor dem Kriege auf 300 im Jahre 1919, von denen 176 Unternehmungen eine jährliche Erzeugungsfähigkeit von über 50 Tonnen hatten, die Roheisenerzeugung konnte sich von 302000 Tonnen im Jahre 1914 auf 611000 Tonnen im Jahre 1923, die Stahlerzeugung von 283000 auf 820000 Tonnen heben. Eine völlig neue Industrie, die ihre Entstehung der Zollpolitik verdankt, ist die japanische Kautschukwarenfabrikation. Das Verschwinden deutscher Erzeugnisse von den japanischen Märkten während des Krieges bildete einen starken Anstoß für die heimische Erzeugung. Heute stellt Japan Kautschukreifen, Gummispielwaren, Schläuche usw. her, die über die ganze Welt gehen, und es ist bezeichnend für die Lebensfähigkeit dieser Industrie, daß die bekannte Firma Dunlop eine Zweigfabrik in Japan errichtet hat. Die Seifenindustrie ist ein weiteres Gebiet, auf welchem die Möglichkeit weitgehender Selbstversorgung fremdes Kapital anzog. Lever Brothers haben eine Seifenfabrik in Japan errichtet. Der Wert der hergestellten Seife in Japan betrug 1908 erst 3 Millionen Yen, im Jahre 1918 20,9 Millionen. Endlich sei noch die Zuckerfabrikation erwähnt. Der Rohzucker wird von Formosa und Niederländisch-Indien eingeführt. Vor zwanzig Jahren mußte Japan aus Hongkong raffinierten Zucker einführen, während es heute einen Teil seines Bedarfes (von einem heimischen Verbrauch von 672 Millionen kins — 1 kin gleich 1,32 englische Pfund

— 295 Millionen im Jahre 1920) selbständig deckt und einen Teil seiner Erzeugung nach China ausführt.

e) VERSCHIEDENE LÄNDER

Es bleiben noch neben den, uns für die Fortschritte der größeren Selbstversorgung am wichtigsten scheinenden Überseestaaten — den Vereinigten Staaten, Kanada, Britisch-Indien, Japan — verschiedene andere Länder, die während des letzten Jahrzehntes ihre wirtschaftliche Autonomie erheblich steigern konnten und damit zur Verengung des Weltmarkts unter den jetzt obwaltenden Umständen beitrugen.

Vor allem muß noch der übrigen englischen Kolonien gedacht werden. Australien ist durch seine Hochschutzzollpolitik geradezu in den Vordergrund derjenigen Länder gerückt, die zumindest das Bestreben wirtschaftlicher Autonomie beseelt, wenn auch die Erfolge hier zunächst für die Weltwirtschaft nicht so stark ins Gewicht fallen können, da Australien mit überaus hohen Produktionskosten infolge seiner hohen Löhne und sozialen Lasten behaftet ist und da mit dem Handelsprotektionismus gleichzeitig die Absperrung der Menscheneinfuhr zugunsten der Gewerkvereine durchgeführt werden mußte. Die geringe Bevölkerungsziffer des dünnbesiedelten Landes stellt Australien hier bezüglich der Errichtung von Fabriken weit ungünstigere Bedingungen als etwa Indien oder Japan, die auf eine breite heimische Bevölkerungsmasse rechnen und deshalb bessere Chancen für die großbetriebliche Entwicklung der Industrie haben als Australien. In der Herstellung landwirtschaftlicher Maschinen, wo die Voraussetzungen der Massenproduktion infolge der landwirtschaftlichen Entwicklung des Landes gegeben sind, zeigt sich diese Tatsache als „Ausnahme von der Regel", die aber deren Richtigkeit nur bestätigt. Hier sind Fabriken entstanden, die denen selbst der Vereinigten Staaten auf diesem Gebiete nicht nachstehen. Aber auch die Eisenindustrie — in erster Linie repräsentiert durch die Broken Hill Proprietary Company, die im Jahre 1915 Werke in New South Wales errichtete — ist fortgeschritten. „Die Herstellung von Eisen und Stahl hatte eine beachtliche Wirkung auf die Einfuhr und die Abnahme derselben ist schon seit einigen Jahren merkbar geworden", schreibt der Balfour-Bericht. Wenn die Pflanzung von Baumwolle in dem bisherigen Tempo fortschreitet — 1919 Baumwollernte erst 27 470 lbs., dagegen 1924 schätzungsweise 14 Millionen lbs.! —, so wird, selbst wenn man die schlechtere Qualität dieser Erzeugung berücksichtigt, die Textilindustrie Australiens bald den „Anspruch erheben", die natürlichen Erzeugnisse des Bodens, die hier mühselig von der British-Australian-Cotton Association entwickelt werden, „selbst zu verarbeiten".

Für Südafrika hat ein Bericht, der einen von amtlicher Seite im Jahre 1923 eingesetzten Ausschuß (to consider the question of an economic policy for the Union) zum Urheber hat, erklärt: „Es ist klar, daß die augenblicklichen Verhältnisse Südafrikas — mit einem begrenzten Binnenmarkt und hohen Erzeugungskosten — die erfolgreiche Einbürgerung vieler Industrien ausschließt." Aber um so lebhafter empfiehlt der Ausschuß jede nur irgendwie mögliche Einbürgerung von Gewerben, ganz besonders solcher, welche heimisch erzeugte Materialien (Wolle, Häute usw.) verarbeiten könnten. In diesem Sinne hat auch der Iron and Steel Industry Encouragement Act vom Jahre 1922 Erzeugerprämien für Eisen und Stahl festgesetzt, soweit es mit heimischer Kohle und aus heimischen Erzen erzeugt wird. Diese Prämie beträgt z. B. für das Jahr 1924/25 pro Tonne Roheisen oder Rohstahl 15 sh. Ebenso soll die Schaffung des Board of Trade and Industries Act vom Jahre 1923 staatliche Hilfe für junge Industrien bringen. Der Wert der Fabrikwaren eigener Erzeugung betrug im Jahre 1911 erst 17 Millionen Pfund Sterling. Er stieg auf 98 Millionen im Jahre 1920/21, um dann im Jahre 1921/22 auf 79,5 Millionen zu sinken. Selbst unter Berücksichtigung der veränderten Preisverhältnisse deuten diese Ziffern auf eine erhebliche Steigerung der heimischen Erzeugung.

Noch einige Feststellungen über die Entwicklung der südamerikanischen Industrie. Für Argentinien fehlen leider seit 1914 Zahlenangaben, also auch Vergleichsmöglichkeiten. Allein, der Balfour-Bericht bemerkt auf Grund seiner Erhebungen und Sachverständigengutachten: „Es kann gesagt werden, daß die Erzeugung aller Waren, für welche Fabriken bestehen, zwei- bis dreimal so hoch ist wie damals (1914), daß außerdem die Auswahl und die Qualität erhebliche Fortschritte aufweist und daß die Einwirkung des nach dem

Kriege erneut einsetzenden fremden Wettbewerbs weniger stark gewesen ist, als man befürchtete." Auch über Brasilien fehlt es nicht an ähnlichen Angaben. Von der schutzzöllnerischen Politik abgesehen, wird jede neu aufkommende Industrie mit weitgehender staatlicher Hilfe bedacht, insbesondere mit Steuererleichterungen. In den Staaten, welche Eisenerze fördern, wird die Gewährung von Ausfuhrkonzessionen gewöhnlich an die Bedingung geknüpft, daß gleichzeitig mit der Ausfuhr die Errichtung von Verhüttungsanlagen im Lande selbst gewährleistet werde. Der Balfour-Bericht glaubt feststellen zu können, daß überall dort, wo fremder Wettbewerb in Brasilien auf das Vorhandensein heimischer Industrien stößt, die Versorgung durch die Einfuhr 11% nicht übersteigt. Interessant ist die Abnahme verschiedener Einfuhrwaren in Chile. So wurden im Jahre 1913 ca. 52000 kg Zigaretten eingeführt, im Jahre 1922 nur mehr 2178 kg. Die Einfuhr von Flaschenbier ging von 165000 auf etwas über 2000 zurück, die Herstellung von Stiefeln und Schuhen steigerte sich derart, daß die Einfuhr von 797000 Pesos im Jahre 1913 auf 43000 Pesos im Jahre 1922 zurückging. Die Herstellung von Streichhölzern fällt heute vollkommen der heimischen Erzeugung zu, ebenso erzeugt Chile jede Art von Glaswaren und führt sogar an Nachbarländer aus, während es früher bedeutendes Importland war, die Einfuhr von Drahtstiften, früher geteilt zwischen Deutschland und den Vereinigten Staaten, Belgien und England, wird jetzt ebenfalls völlig durch die Eigenerzeugung beseitigt, die Einfuhr von Zement ist von 147000 Metertonnen im Jahre 1913 auf 34000 Metertonnen im Jahre 1922 zurückgegangen.

Wir sind damit am Ende der Aufzählung von Tatsachen, welche die wichtigsten Entwicklungen nach einer Richtung stärkerer industrieller Selbstversorgung in den überseeischen Ländern illustrieren können. So sehr diese Entwicklung sicherlich durch natürlich vorhandene Umstände immer bedingt bleibt — Besitz der Rohstofferzeugungen oder Möglichkeit der Entfaltung derselben, Größe des heimischen Absatzmarktes gegeben durch Bevölkerungsdichte usw. —, so sehr ferner der Weltkrieg als ein besonderes Ereignis aufzufassen ist, das einen unerwarteten und sprunghaften Stimulus der wirtschaftsautonomen Entwicklung brachte, so sehr also der heutige Zustand stärkerer Selbstversorgung auf Tatsachen mitzurückgeführt werden muß, die mit einer staatlichen Einmischung, einem weitgehenden „Protektionismus“ nichts zu tun haben, so bedeutsam bleibt gerade die Frage, inwieweit die einzelnen Länder geneigt sind, das Fehlen solcher, die industrielle Entwicklung auf natürlicher Grundlage weitertreibenden Momente und die Rückschläge, welche den besonderen Verhältnissen des Weltkrieges folgen mußten, durch protektionistische Maßnahmen auszugleichen und den „Mängeln“ der Entwicklung und Fortentwicklung durch staatliche Fürsorge „nachzuhelfen“.

3. DER NEUE PROTEKTIONISMUS

a) ALLGEMEINES ÜBER SEINE STEIGERUNG NACH DEM KRIEGE

Mit Absicht ist der Ausdruck „Protektionismus“ zu wählen und nicht in diesem Zusammenhang einfach nur von „Schutzzöllen“ zu sprechen, denn nicht um diese handelt es sich allein.

Die außerordentliche Anfeuerung, welche nach dem Kriege der „Schutz“ der heimischen Industrie erfuhr, weil man einmal Erreichtes nicht wieder preisgeben, nationalistischen Aspirationen auch auf wirtschaftlichem Gebiet genügen und schweren inneren Krisen entgehen wollte, hat den Rahmen der zur Verfügung stehenden protektionistischen Mittel wesentlich erweitert. Lange Zeit hat die Welt unter den positiven Einfuhrverboten gelitten, die seit den Zeiten des Merkantilismus nicht mehr angewandt worden waren. Diese Einfuhrverbote wurden wohl von den Einfuhrlizenzen und Einfuhrkontingentierungen unterbrochen, allein es herrscht in der Handelswelt mit Recht die Meinung vor, daß selbst hohe Zölle weniger nachteilig für den Außenhandel von Land zu Land sind als ein System regulierter und begrenzter Einfuhr überhaupt.

Zu den Ländern, welche nach dem Kriege in weitem Umfange mit dem System der Einfuhrverbote operierten und zum Teil dasselbe auch heute noch aufrechterhalten, gehören sowohl solche, welche auf Grund ihrer zerrütteten Valuta gewisse nicht unbedingt erforderlich scheinende Einfuhren verhindern wollten, wie umgekehrt auch solche, welche einer Überschwemmung mit gewissen

Valuta-Dumping-Waren auf Grund ihrer starken Währung entgegenwirkten. Zu den ersteren gehören Österreich, Bulgarien (das noch im Januar 1924 eine Liste von 124 Waren aufstellte, die als „nicht von erster Dringlichkeit“ unter die Einfuhrverbote fallen), die Tschechoslowakei, die seit 1923 die Einfuhrverbote abbaute, Deutschland, das bis zum Zustandekommen der neuen Handelsverträge nur geringe Neigung zeigte, die Einfuhrbeschränkungen zu lockern, Italien, Ungarn, Polen (in geringem Maße), Rumänien und Sowjet-Rußland. Im Ganzen ist in letzter Zeit ein wesentlicher Abbau der Einfuhrverbote zu konstatieren, deren Wirkung aber immerhin, da sie eine längere Reihe von Jahren bestanden, nicht unwesentlich zur Selbstversorgung der heimischen Wirtschaft beigetragen haben mag, wenn auch vielfach nur dadurch, daß hochwertigere Auslandsware durch minderwertigere Inlandsware ersetzt werden mußte. Ein Land mit starker Valuta, das die Einfuhr durch Verbote beschränkt hat, ist die Schweiz, und zwar wurde hier ein Dekret des Schweizer Bundesrats, das am 18. Februar 1921 erlassen worden war, bis zum März 1926 verlängert.

Überaus bemerkenswert als Mittel des staatlichen Protektionismus sind alle möglichen Begünstigungen der heimischen Industrie, wie wir sie z. B. bereits im Falle Südafrikas als Erzeugungsprämie für die Eisenindustrie, im Falle Brasiliens als das Verlangen der Begründung heimischer Erzeugung im Falle größerer Eisenerz-Ausfuhrkonzessionen kennenlernten. Ein „Musterbeispiel“ solchen Protektionismus ist das Dekret der spanischen Regierung vom 30. April 1924, das ein weites Programm staatlicher Hilfe für die spanische Industrie vorsieht. Unter diesem Gesetz sollen Industrien auf staatliche Unterstützung Anspruch haben, welche a) neue Industriezweige darstellen, b) bereits in gewissem Umfange bestehen, deren Erzeugung aber in Quantität oder Qualität nicht hinreicht, die normale Versorgung des Landes zu decken, c) Industrien, deren Erzeugungsüberschuß ausgeführt wird; dazu werden noch Industrien, deren Erzeugung der „nationalen Verteidigung“ dient, besonders berücksichtigt. In den einzelnen Abschnitten dieses Gesetzes werden ausführlich die Vergünstigungen behandelt, welche spanischen Industrien zuteil werden kann; dahin gehören: Privilegien und Konzessionen, Kredite in Verbindung mit dem Banco de

Crédito Industrial, Garantie einer bestimmten Verzinsung, Unterstützung bei der Ausfuhr, Steuervergünstigungen, insbesondere bei der Gründung neuer Gesellschaften, Befreiung von allen direkten Steuern bis zu 50% des zu erhebenden Betrages, Hinwirken des Staates auf Ermäßigung kommunaler Steuern, Wiedervergütung von Frachtkosten, falls diese die Ausfuhr von Exportwaren behindern usw. Man erkennt, daß es sich auch hier um ein „Programm" handelt, wie es nur allzu deutlich an die merkantilistischen Vorbilder des 17. und 18. Jahrhunderts erinnert. Das ganze Dekret ist ein typisches Beispiel für die Anwendung nicht ausschließlich handelspolitischer Mittel zur Erzielung protektionistischer Wirkungen.

Da jedoch immerhin alle derartigen Maßnahmen (als solche können noch ergänzenderweise besonders hohe Hafenabgaben, Flaggenzölle und Begünstigung der heimischen Schiffahrt — eine Maßnahme, die aber nicht nur schiffahrtspolitisch, sondern auch vom Standpunkt der kolonialen Selbstversorgung bedeutsam ist —[74]) genannt werden) in einer Zeit nicht mehr zurückzudrängenden weltwirtschaftlichen Austausches an den Widerstand der geschädigten Staaten stoßen und sehr geeignet sind, schwere handelspolitische und damit eventuell außenpolitische Komplikationen zu schaffen, so wird vermutlich in kommenden Jahren vieles, was unter den Verhältnissen der Nachkriegszeit an protektionistischen Besonderheiten geschaffen worden ist, wieder verschwinden. Dagegen ist es sehr fraglich, ob dem „Abbau" dieses Protektionismus nicht eine entsprechende Steigerung des handelspolitischen Protektionismus gegenübergestellt werden wird, eine Tendenz, die wir selbst im Augenblick erleben. Denn es ist ohne weiteres klar, daß heimische Industriezweige, die sich jahrelang unter dem Schutz von Einfuhrverboten oder durch Lizenzen erschwerte Einfuhrmöglichkeit geschützt sahen, den Fortfall solcher Annehmlichkeit durch eine Erhöhung wenigstens der Zolltarifpositionen auszugleichen trachten. Es ist daher heute schon wieder die Richtung der Zoll- und Tarifpolitik als der eigentliche Kernpunkt der protektionistischen Be-

74) Beispiel: Frankreich gestattet durch ein Gesetz vom 18. März 1923 die zollfreie Einfuhr gewisser marokkanischer Waren nach Frankreich und Algier, wenn verfrachtet in Schiffen, welche die französische oder marokkanische Flagge führen.

wegung in der Welt, wenn auch, wie dargelegt, nicht als ihre ausschließliche Stütze zu betrachten.

Die Erörterung der handelspolitischen Absperrung nach dem Kriege stößt zunächst auf einige Schwierigkeiten. Der Währungsverfall in vielen Ländern wirkt dahin, daß die eigentliche Belastung der Einfuhr durch den Zollsatz schwer zu erkennen ist. Denn eine Erhöhung der spezifischen Zölle (nach Gewicht, Stück, Maß) kann unter Umständen, bei noch stärker gesteigerter Preisbildung infolge Währungsverfalles, geradezu eine Verringerung der Belastung bedeuten, wenn man vom Wert der ein- oder ausgeführten Waren ausgeht. Aus diesem Grunde haben ja verschiedene Staaten besondere Zuschlagszölle auf Waren vorgesehen, die aus Ländern mit schlechter Währung stammen, — Zölle, die man streng genommen, dem protektionistischen Ehrgeiz nicht zurechnen darf, da sie lediglich einen Ausgleich des Valuta-Dumping bedeuten.[75]) Wiederum haben die Länder mit sinkender Währung dafür Sorge zu tragen, daß ihre Zölle in der verschlechterten Währung ausgedrückt sich an die Preisbildung durch eine nach oben gerichtete Skala anpaßten. Auch hier wird also aus der „Erhöhung" nicht ohne weiteres der Schluß des erhöhten Protektionismus gezogen werden können. Es wird daher nötig sein, in einzelnen Fällen die „Höhe" der Zölle und ihren Belastungsgrad durch besondere Berechnungen — wie etwa die Berechnung des Warenwertes einst und jetzt oder die Umrechnung auf eine stabile Währung — nachzuprüfen, eine Arbeit, die besonders für englische Verhältnisse der Balfour-Bericht durch das englische Handelsministerium hat ausführen lassen. Wir selbst beschränken uns auf die Darstellung des gesteigerten Zollschutzes, soweit er sich aus den Zolltarifen und handelspolitischen Maßnahmen wichtiger Länder unzweideutig erkennen läßt.

---

75) Man kann freilich auch den Standpunkt vertreten, daß in diesen Zuschlagszöllen eine Verletzung des Prinzips liegt, von der Schleuderausfuhr anderer Länder als Konsument und Veredler Vorteile zu ziehen, wie man ja auch in England seinerseits aus diesem Grunde vielfach die Erhebung von Zuschlagszöllen auf gedumpten Zucker (Brüsseler Zuckerkonvention) verurteilte.

b) DIE ENTWICKLUNG DER PROTEKTIONISCHEN ZOLLPOLITIK

Unzweifelhaft ist die bedeutsamste Tatsache der internationalen Handelspolitik nach dem Kriege darin zu erblicken, daß die Vereinigten Staaten von Amerika zu einer Erweiterung ihrer Schutzzollpolitik übergingen. Ähnlich wie im umgekehrten Falle zu Mitte des 19. Jahrhunderts der Übergang des mächtigsten Industrie- und Handelslandes jener Zeit zum Freihandel, Englands im Jahre 1846, die gesamte europäische Handelspolitik in ihren Tendenzen mitriß, kann man von der verstärkten Schutzzollpolitik Amerikas nach dem Weltkriege sagen, daß sie ohne weiteres die Richtung anderer Länder in dieser Frage mitbestimmte. Denn gerade der amerikanische Markt war es gewesen, auf den die exporthungrige europäische Wirtschaftspolitik rechnete und vom Standpunkte schutzzöllnerischer Agitation war es natürlich durchaus plausibel, wenn man argumentierte, daß man verarmenden Ländern nicht versagen dürfe, was selbst der im Kriege reich gewordene amerikanische Staat seiner Industrie nicht zu versagen wage. Die Vereinigten Staaten aber, die vom Standpunkt ihrer während des Krieges so völlig veränderten, ausgezeichneten Zahlungsbilanz[76]) eine Aktivhaltung ihrer Handelsbilanz nicht „nötig" gehabt hätten, konnten sich von dem Gedanken der Zweckmäßigkeit eines großen Ausfuhrüberschusses nicht lossagen. Da andererseits Europa sich anschickte — ganz besonders als viele Währungen sich gegenüber dem Dollar verschlechterten — einen großen Export nach den Vereinigten Staaten zu entfalten, so konnte man bei der gleichzeitigen Verarmung vieler europäischer Gebiete und der damit verringerten Kaufkraft gegenüber der Union dieses Ziel nur erreichen, wenn man noch weniger einführte als ausführte, also die Zollschraube fester zog. Der Fordney-Ma Cumber-Tarif vom Jahre 1922 ist durchaus „hoch"schutzzöllnerisch. Die Zölle sind höher bemessen als unter dem letzten republikanischen Zolltarif, dem Payne-Aldrich-Tarif von 1909, der bis 1913 in Kraft war, von früheren demokratischen Tarifen ganz zu schweigen. Er enthält mit nicht weniger als 1460 Positionen zirka doppelt soviel Positionen wie der letzte Friedenstarif, von den weitgehenden Dum-

76) Vgl. Levy a. a. O. (Amerikas Wirtschaft unter dem Einfluß des Goldreichtums) S. 293—294.

pingbefugnissen des Präsidenten ganz abgesehen. Außerdem hat es den Anschein, als ob die Vereinigten Staaten in der Auslegung der Meistbegünstigungsklausel strikter als früher zu verfahren gedenken, indem sie spezielle Vergünstigungen außerhalb des Meistbegünstigungskomplexes nicht mehr von entsprechenden Spezialvergünstigungen anderer Nationen abhängig machen, sondern lediglich die bedingungslose Meistbegünstigung gegen eben dieselbe gewähren wollen.

Einige beachtenswerte Ergebnisse des neuen amerikanischen Zolltarifes lassen sich folgendermaßen zusammenfassen; es betrug:

	Der Zollsatz	
für	1914	1924
Roheisen	zollfrei	75 Cent pro Tonne
Spinnereimaschinen	20 % d. Wertes	35 % des Wertes
Baumwollgarn (roh)	15 % d. W.	8 Cents p. lb., jedoch nicht unter 15 % des Wertes
Baumwollgewebe (roh)	17½ % d. W.	16 Cents p. lb., doch nicht unter 20 % des Wertes
Baumwollgewebe (gefärbt)	20 % d. W.	22 Cents p. lb., doch nicht unter 40 % des Wertes
Wollgewebe (schwere)	35 % d. W.	45 Cents p. lb., dazu 50 % des Wertes
Soda	⅛ Cent pro lb.	¼ Cent pro lb.
Schwefelsaures Ammoniak	zollfrei	¼ Cent pro lb.

Über die Einwirkung der neuen Zölle auf die Einfuhr aus Großbritannien äußert sich der sonst keineswegs zu besonderem Pessimismus neigende Balfour-Bericht:

„Es steht fest, daß bei Waren, deren Qualität und Mode bei der Einfuhr den Ausschlag geben, die durch den Zolltarif erhöhten Preise das Volumen der Verschiffungen aus dem Vereinigten Königreiche nach den Vereinigten Staaten nicht beeinträchtigt haben. Es steht ebenso fest, daß jedoch in den Stapelerzeugungen, bei welchen Quantität und niedriger Preis wichtige Faktoren sind, der Tarif den Wettbewerb des Vereinigten Königreiches tatsächlich unmöglich gemacht hat."

Als zweitbedeutsamster Fall des seit dem Kriege gesteigerten zolltariflichen Protektionismus ist ein Komplex von Ländern zu nennen. Nämlich: die britischen Dominions und Kolonien.

Die zusammengefaßte Behandlung dieser, wenn auch räumlich weit voneinander getrennten und, wie wir bereits sahen, in den Vorbedingungen gesteigerter Selbstversorgung durchaus verschieden gestalteten Staaten, ergibt sich daraus, daß ihnen allen das Ziel stärkerer Schutzzollpolitik nach dem Kriege gemeinsam ist, ebenso wie sie fast alle die Bevorzugung des Einfuhrhandels aus dem Mutterlande in ihren Zolltarif eingefügt haben. Berücksichtigt man das letzgenannte Moment als ein Symptom „all-britischer Selbstversorgung", das heißt, wäre man geneigt, die Selbstversorgungsaktion innerhalb des ganzen britischen Reiches der arbeitsteiligen Verweltwirtschaftlichung gegenüberzustellen, so müßte gerade das Vorhandensein der Vorzugszölle den allgemeinen Eindruck der Selbstversorgungszunahme in der Welt noch verstärken. Allein, diese Auffassung erscheint nicht angebracht. Die „preferential duties" verstärken wohl, wenn man Mutterland und Kolonien als einen Wirtschaftskomplex zusammenfaßt, das Bild der Absperrung gegenüber dritten Staaten. Aber sie erscheinen erstens nicht wesentlich genug, um etwa durch nichtmutterländische Einfuhren die Versorgung der Kolonialgebiete zu verdrängen oder die koloniale Versorgung aus England über ihr schon von Natur gegebenes Maß erheblich zu steigern. Zweitens steht gewöhnlich der präferentiellen Behandlung des Mutterlandes eine Erhöhung der Allgemeinsätze des neuen Zolltarifs gegenüber, welche die Vorzugssätze immer noch absolut betrachtet über das bisherige Maß erhöht, damit also den Einfuhrhandel aus England in den meisten Fällen eher schädigt als günstiger stellt.

Zum ersten Punkt seien folgende Ziffern gegeben. Es betrug der prozentuale Anteil der Dominions und Kolonien (exklusive Irischer Freistaat) an der Ausfuhr Englands:[77])

---

77) Seltsamerweise kommt der Bericht über „Überseemärkte" auf S. 24 zu einem anderen Ergebnis. Gerade im Hinblick auf die obigen Ziffern glaubt er einen „beträchtlichen Vorteil" der Präferenzierung für England konstatieren zu müssen. Der Irrtum liegt darin, daß der sonst so vorsichtige Ausschußbericht die Ziffern für den Irischen Freistaat im Jahre 1923 mitgerechnet hat, anstatt sie von denjenigen des

	1913	1924
Bei den Selfgov. Dominions	17,54	17,78
Indien	13,38	11,39
Sonstige Kolonien usw.	6,26	6,61

Hieraus ergibt sich ohne weiteres, daß der Erfolg der Vorzugszölle bisher in einer Steigerung des Anteils der englischen Ausfuhr nach den Kolonien nicht bestanden hat. Bezeichnend ist es hierbei auch, daß in Australien, das im Jahre 1924 der zweitbeste Einzelmarkt Englands (nach Indien) war und dessen Vorzugszölle oft von englischen Imperialisten gerühmt worden sind, im Jahre 1913 63,2% des Werts seiner Einfuhr an Waren, die überhaupt mit englischen konkurrieren, aus England bezog, dagegen 1922/23 nur: 60,4%, also auch von dieser Seite gesehen, ergibt sich kein wesentliches Resultat durch die Präferenzierung.

Der zweite Punkt — die überwiegende Mehrbelastung der englischen Ausfuhr durch die kolonialen Zölle trotz der Präferenzierung — ergibt sich aus folgenden, von dem Balfour-Bericht berechneten Ziffern: es betrug die prozentuale Belastung der britischen Ausfuhr, gemessen am Wert der exportierten Waren:

Land	1914	1924
Australien	$6^{1}/_{4}$	$9^{3}/_{4}$
Canada	$15^{1}/_{4}$	$13^{1}/_{4}$
Südafrikanische Union	$7^{1}/_{2}$	9
Neu-Seeland	$8^{1}/_{4}$	$8^{1}/_{2}$

Man erkennt, daß mit Ausnahme der Verhältnisse in Kanada die Belastung der englischen Kolonialausfuhr durch Zölle trotz der Präferenzierung gestiegen ist. Kanada aber bildet nur deshalb eine Ausnahme, weil sein Zolltarif an sich höher ist als der irgendeiner anderen englischen Dominions und man sich entschlossen hat, England einen Rabatt von 10% auf die Sätze des British Preferential Tariff zu gewähren, da wo diese den Satz von 15% des Wertes übersteigen.

---

kolonialen Präferenzialgebietes abzuziehen oder den Handel mit dem heutigen Freistaat in den Ziffern von 1913 mit zu berücksichtigen.

Man wird also nicht fehlgehen, wenn man erklärt, daß sich die Schutzzollpolitik der englischen Kolonien genau so (zum Teil erst recht, vgl. Indien!) gegen das Mutterland wie gegen andere Länder richtet, wenn auch aus politischen und imperialistischen Gründen der Schutzzollcharakter gegen das Mutterland durch Vorzugszölle verschleiert wird, deren Zweck aber durchaus nicht darin liegt, die Eigenproduktion der Kolonien zugunsten Englands zu vermindern, sondern höchstens darin: die Einfuhrnotwendigkeiten zu Ungunsten nichtenglischer Gebiete zu verschieben.

Von den einzelnen Tarifen der englischen Dominions und Kolonien der Neuzeit hat wohl der wachsende Schutzzoll Indiens nach dem Kriege die größte Aufmerksamkeit erregt. Die schutzzöllnerische Bewegung steht in engstem Zusammenhang mit der stärkeren Verselbständigung Indiens während des Krieges, insbesondere seiner finanzpolitischen Verselbständigung, und der damit zusammenhängenden früher von uns erwähnten Schaffung besonderer amtlicher Organe zur Förderung der heimischen Industrie. Die eigentliche Bewegung begann im Jahre 1917, als der Zoll auf Baumwollwaren von $3^1/_2$ auf $7^1/_2$% des Wertes gesteigert wurde, während die heimische Abgabe auf $3^1/_2$% belassen wurde. Im Jahre 1921 wurde dann der Zoll weiter auf 11% erhöht. Es folgten dann im Jahre 1924 Zollerhöhungen auf anderen Gebieten, besonders ging man daran die Eisenindustrie zu schützen, deren größtes Werk, die Tata Eisen- und Stahlwerke, mit besonderem Stolze betrachtet werden. Man verspricht sich von der Gewährung dieser Zölle an die Eisenindustrie eine Steigerung der Erzeugung auf zirka 260000 Tonnen bis 1926/27, was eine fast völlige Ersetzung der bisherigen Einfuhr bedeuten würde.

Für Australiens Hochschutzzollpolitik ist das Tarifgesetz von 1920 maßgebend gewesen, welches dazu bestimmt ist, während des Krieges entstandene Industrien zu schützen, neue Industrien zu fördern und bestehende Industrien in ihrer Weiterentwicklung zu begünstigen. Dazu kommt der Industries Preservation Act vom Jahre 1921, der mit der Begründung des Schutzes von unfairem Wettbewerb (Dumping) den Industrieschutz weiter verstärkt hat. Die Anwendung dieses Gesetzes unterliegt dem sogenannten Tariff Board, der seit 1921 besteht und dessen Eingriffsmöglichkeit und Eingriffsmethoden über den Kopf des Parlaments hinweg (nur die Genehmigung des Handelsministers ist erforderlich) durchaus nicht immer freundlicher Kritik seitens der australischen Kaufmannschaft begegnet. Wie theoretisch zunächst der Begriff des „Schutzzolles" gehandhabt wird, zeigt die Tatsache, daß die Einführung einzelner Zollpositionen im Jahre 1924 verschiedentlich „verschoben" werden mußte, weil die zu schützenden Industrien einfach nicht in der Lage waren, die betreffenden Waren in so kurzer Zeit selbst zu liefern. Seit dem 1. April 1925 verlangt die australische Regierung für die Gewährung des Vorzugszolles an England den Nachweis, daß mindestens 75% der in diesen Waren steckenden Kosten aus Arbeit und Rohstoffaufwendungen bestehen, die rein englischer Natur sind. Damit ist sicherlich eine Verschärfung der Schutzzollpolitik gegenüber nichtenglischen Ländern, wenn nicht auch England gegenüber gegeben, da es fraglich ist, ob England die für australischen Bedarf veredelten Waren nunmehr so gut wie ohne eingeführte Rohstoffe zu erzeugen imstande sein wird.

Von Kanada wurde bereits gesagt, daß die absolute Höhe seines Zolltarifes beträchtlicher ist als diejenige irgendeines anderen Staates innerhalb des britischen Imperium. Dazu kommt neuerdings, daß die Sätze des Generaltarifs (Kanada führt einen Generaltarif, den sogenannten General Tariff, einen Konventionaltarif, der „intermediate" Tariff genannt wird, und einen dritten, der die Vorzugszölle umfaßt) im Vergleich zu den Vorzugszöllen gegenüber Vorkriegszeiten wesentlich erhöht erscheinen, was besonders die Einfuhr aus den Vereinigten Staaten und aus Deutschland trifft. Südafrika hat im Jahre 1922 und 1923 erhöhte Zölle gegenüber einer Schleuderausfuhr eingeführt, deren Interpretation — wie in allen englischen Kolonien — sehr weit geht. Ein neues Tarifgesetz ist in Vorbereitung, das erhöhte Sätze und eine Verringerung der Vorzugszollbehandlung vorsehen soll.

Als Ganzes bildet also das britische Weltreich außerhalb des Mutterlandes das Bild eines abgeschlossenen Schutzzollgebietes, dessen Mauern gegenüber dem Auslande wie gegenüber dem Mutterlande seit dem Weltkrieg noch erhöht worden sind, während Tendenzen zu einer freiheitlicheren Ausgestaltung der Handelspolitik nicht vorliegen.

Was nun die Zollpolitik in der übrigen Welt, insbesondere auch in den europäischen Staaten angeht, so haben wir bereits in unserer allgemeinen Betrachtung vermerkt, welche Umstände zu der allgemein feststellbaren Tendenz der Zollerhöhungen nach dem Krieg beitrugen. Besonders hervorzuheben für die allerletzte Zeit ist der erneute Anlauf der englischen Protektionisten, nach dem Sturze des Kabinetts Macdonald, den Safeguarding of Industries Act zu einer Verwirklichung der Zollwünsche heranzuziehen. Die seit dem 1. August 1924 beseitigten Mac Kenna-Zölle, die — zunächst als bloße Kriegsmaßnahme beabsichtigt — einen $33^1/_3$%igen Wertzoll auf Waren legten, die besonders drückendem Auslandswettbewerb ausgesetzt schienen, wurden von dem neuen Kabinett Baldwin wieder nach kurzer Zeit hergestellt, freilich unter der Zusicherung, daß sie nur nach besonderen Nachweisungen der betroffenen Industrien an die behördlichen Stellen erwogen werden würden. Der Begriff „ruinöser Auslandswettbewerb“ ist aber auch hier ein sehr dehnbarer und relativer Begriff. Die Beurteilung von Eingaben seitens der Industrie und industrieller Verbände ist stets von der subjektiven Einstellung der die Eingaben prüfenden Behörde abhängig. Als Mr. Churchill zu Ende April 1925 die Wiedereinführung der Mac Kenna-Zölle auf Automobile verkündete, konnten Gegner der Maßnahme darauf hinweisen, daß in England die Herstellung von Passagierautos von zirka 40000 im Jahre 1922 auf 107000 im Jahre 1924 gestiegen war, und daß im Jahre 1923 von 99000 registrierten Wagen 62000 britischen Ursprungs, dagegen im Jahre 1924 von 124000 Wagen fast 90000 britischen Ursprungs waren, so daß sich der Anteil der englischen Industrie an der heimischen Versorgung durchaus nicht verringert, sondern gehoben hatte.[78]) Aber diese Tatsachen haben an der Einführung der Zölle ebensowenig geändert, wie ähnliche Einwendungen bezüglich der $33^1/_2$%igen Spitzenzölle, die am 1. Juli 1925 in Kraft getreten sind.[79]) oder der Zölle auf Kunstseidenerzeugnisse.[80])

78) Vgl. die Darstellung im Economist vom 25. April 1925, S. 801 und vom 2. Mai, S. 846.

79) „The Lace Duty Scandal“ im Free Trader. Juli 1925. S. 175ff.

80) Vgl. u. a. Manchester Guardian Commercial vom 9. Juli 1925. S. 35. Nach Abschluß dieser Arbeit wurden Zölle auf Stahlwaren, Glühstrümpfe und Handschuhe eingeführt.

Der Balfour-Bericht hat für verschiedene Warengruppen Berechnungen über die Zollhöhe anstellen lassen, die insofern einen besonderen Wert haben, als sie die Höhe der Zölle, soweit es nicht Wertzölle sind, in englische Währung umgerechnet angeben. Greift man hierbei den Artikel „Baumwollgewebe, gefärbt in Stücken, Gewicht 100 g per Quadratmeter" als besonders typisch heraus, weil es sich hier um einen solchen handelt, an dessen wettbewerblichem Charakter fast alle wichtigen Länder beteiligt sind, so ergibt sich das Folgende:

	Höhe des Zollsatzes	
	1914	1924
Frankreich	6,1 d. p. lb.	9,2 d. p. lb.
Italien	4,4 d. p. lb.	7,0 d. p. lb.
Norwegen	4,5 d. p. lb.	6,7 d. p. lb.
Rumänien	4,7 d. p. lb.	5 d. p. lb.
Niederl. Indien	6% des Wertes	10% des Wertes
China	5,3 d. p. Stück	14,2 d. p. Stück
Verein. St. v. Amer.	20% des Wertes	11,7 d. p. lb., jedoch nicht unter 40% des Wertes
Mexiko	1 sh. $8^3/_4$ d. p. lb.	4 sh. 6 d. p. lb.
Argentinien	5,3 d. p. lb.	6,2 d. p. lb.
Kolumbien	13,7 d. p. lb.	16,8 d. p. lb.

Keine Erhöhungen zeigen u. a. die Länder: Deutschland, Schweden, Dänemark, Holland, Belgien, Portugal, Rumänien, Japan, Ägypten, Brasilien. Allein, hier ist vielfach zu berücksichtigen, daß gerade in Ländern, in denen eine Zollsteigerung seit 1914 nicht zu konstatieren ist, die absolute Zollhöhe bereits ein sehr hohes Niveau erreicht hatte: wie etwa 1 sh. $8^3/_4$ d. in Brasilien oder 9,8 d. in Portugal.

Wachsende Selbstversorgung ist das Merkmal der Weltwirtschaft nach dem Kriege, in erster Linie in den Neu-Ländern der modernen Wirtschaftsgeschichte, aber auch auf dem „Kontinent, dem alten". Die Kriegsereignisse selbst sind in ihren unmittelbaren Wirkungen wie in ihren wirtschaftlichen Fern- und Nachwirkungen an diesem Ergebnis beteiligt. Die Friedensverträge erhöhen den nationalen, auf Wirtschaftsautonomie gerichteten Ehrgeiz. In den alten Industrieländern verstärkt der Druck des fremden Wettbewerbes, bei häufig verringertem Bedarf und die Verschlechterung der Valuten in ihrem Einfluß auf die Ausfuhr der Konkurrenzländer das Bestreben nach Ummauerung der Grenzen. Staatlicher Protektionismus, teils in der allgemeinen Form der Fürsorge, des Kredits und der Bevorzugung, teils als ausgesprochener handelspolitischer Schutz ist die Folge. Er soll der Erhaltung alter Erzeugungen gegenüber der internationalen Konkurrenz, der Schaffung neuer nationaler Industrien zur Ersetzung der Einfuhr, der Sicherung von im Kriege und unter dessen Einfluß entstandenen Industriezweigen dienen. Dies sind die Ergebnisse unserer bisherigen Betrachtung. Zusammengefaßt kommen sie dahin zum Ausdruck: daß der Weltmarkt nach dem Kriege nicht nur auf Grund der geschwächten industriellen Kaufkraft der Welt, sondern vor allem auch auf Grund ihrer stärkeren Selbstversorgung eine erhebliche Einengung hat erfahren müssen.

Wie hat sich unter diesen Verhältnissen die Gruppierung des internationalen Wettbewerbes auf dem Weltmarkt entwickelt?

IV. DIE UMGRUPPIERUNG DES WELTMARKTES NACH DEM KRIEGE

1. DIE ENTEUROPÄISIERUNGSTENDENZ IN DER WELTWIRTSCHAFT

Der Weltkrieg ist in erster Linie und trotz der Mitwirkung der Vereinigten Staaten von Amerika ein europäischer Krieg gewesen. Seine Folgen treffen daher auch in erster Linie die europäische Wirtschaft. Schon unsere bisherigen Betrachtungen haben uns gezeigt, daß außerhalb Europas die Industrieentwicklung während des Krieges zu einer bisher ungeahnten Vorwärtsentwicklung in einzelnen Ländern führte, wobei die Vereinigten Staaten von Amerika, Kanada, Indien und Japan an der Spitze standen. Andererseits hat der Krieg in Europa kein einziges Wirtschaftsgebiet zurückgelassen, von dem man sagen könnte, daß es in industrieller Hinsicht gegenüber der Vorkriegszeit profitiert habe.

Aber keineswegs in diesem zunächst in die Augen springenden Punkte liegt allein die Veränderung, welche der Krieg bezüglich des wirtschaftlichen Schwergewichts Europas hinterlassen hat.

Zunächst liegt die stärkere Belastung der europäischen Wirtschaft zugunsten der außereuropäischen Wirtschaft auf dem Gebiet der Nahrungsmittelversorgung. Hier ist vor allem an die Versorgung mit Zereralien zu erinnern. Die Ereignisse auf dem Weltmarkt seit der Mitte 1924 haben gezeigt, welche Blöße der europäischen Versorgung durch den Fortfall der russischen Erzeugung und Exportfähigkeit zuteil geworden ist. Der Bedarf Rußlands, der sich geradezu in einen Importbedarf verwandelt hat, die gleichzeitige Verschlechterung der kanadischen Ernten, die relativ geringe Hinübernahme von Weizen amerikanischer Ernten in die neue Saison, führten seit dem Herbst 1924 zu einer Weizenhausse, wie man sie seit den außergewöhnlichen Kriegszeiten nicht erlebte. Eine vom englischen Economist veröffentlichte Tabelle — nach Angaben des internationalen landwirtschaftlichen Instituts zusammengestellt — kann die Enteuropäisierungstendenz des internationalen Weizenbaus illustrieren. Es betrug in Millionen Hektar die Anbaufläche[81]):

	Durchschnitt 1909/13	1924
in Europa (exkl. Rußland)	29,3	26,5
Ver. Staaten v. Amerika	19,1	21,8
Kanada	4,0	9,1
Argentinien	6,5	7,2
Indien	11,8	12,6
Australien	3,1	4,0

Selbst wenn man die russische Erzeugung ganz außer Betracht läßt, bleibt also die Enteuropäisierung des Welt-Weizenanbaues bestehen. Im Jahre 1909/13 betrug im Durchschnitt nach Angaben des Internationalen Landwirtschafts-Institutes die Welternte 822 Millionen Zentner, davon fielen 370 Millionen auf Europa exklusive Rußland. Im Jahre 1923 betrug die Welternte 945 Millionen Zentner, aber nur 343 Millionen fielen auf Europa. In Vorkriegszeiten benötigte Europa etwa 47 Millionen Quarters Weizen (1 Quarter gleich 224 kg) für Gebiete, die sich nicht selbst versorgen konnten. Davon kamen ca 34 Millionen aus Gegenden zwischen dem Ural und dem atlantischen Ozean. Heute kommen die ganzen 47 Millionen aus anderen Gegenden. Für Europa ergibt sich hieraus die beachtenswerte Tatsache, daß naturgemäß der Transport sich verteuert hat (denn der Transport von der kanadischen Prärie ist teurer als der vom Boden der Ukraine), während ebenfalls die Versendungen ungleichmäßiger geworden sind, da der Transport in größeren Gehäusen und Massenabladungen vor sich geht, die wiederum eine größere Unregelmäßigkeit der Versorgung bedingen.[82])

Aber diese Folgen sind sekundär. Wichtiger ist, daß mit der stärkeren Abhängigkeit von überseeischem Weizen und dessen Teuerung sich Europa mehr und mehr an nichteuropäische Länder verschulden muß. Dies ergibt sich daraus, daß — wie wir schon

81) Vgl. Levy, Die Enteuropäisierung der Weltwirtschaft. Zeitschrift für Geopolitik, August 1925. S. 282—83.

82) Vgl. hierüber Economist vom 1. August 1925. S. 181.

einmal ausführten — der Situation eines kaum zu beschränkenden Verbrauches dringlicher Güter, also vor allem des Brotes, die Einschränkung des Verbrauches von Fabrikaten gegenübersteht. Wir haben gesehen, wie sich selbst heute, wo die „Preisschere" als geschlossen gilt, eine Diskrepanz zwischen Industriepreisen und Nahrungsmittel- und Rohstoffpreisen ergibt, da wo die ersteren nicht entweder durch Vereinbarungen reguliert werden oder wo nicht durch Einstellung eines Teils der Erzeugung eine Anpassung an den verringerten Bedarf entsteht. Dort aber, wo sich wirklich die Preise der Fabrikate dem Preis der Nahrungsmittel angepaßt haben, ist es nur möglich gewesen bei gleichzeitiger Abnahme der Erzeugung oder des Absatzes, was bei den notwendigeren Gütern nicht der Fall war. Schon aus dieser allgemeinen Entwicklung ergibt sich ein weiteres Übergewicht der außereuropäischen Wirtschaftsmächte. Sie profitieren unter der Tendenz: gleichbleibender Bedarf dringlicher Nahrungsmittel und nur schwach sinkender Bedarf gewisser Rohstoffe selbst bei erhöhten Preisen, dagegen sinkender Bedarf für Fabrikate, insbesondere solcher hochwertiger Natur. Es wiederholt sich hier nur im Makrokosmos der Weltwirtschaft, was aus der begrenzteren Gesetzmäßigkeit der inneren Wirtschaft oft bekannt geworden ist: daß in Krisenzeiten die Rohstofferzeuger besser daran sind als die Fabrikaterzeuger. Hinzu kommt die eigenartige Monopolstellung einzelner Rohstoffe gerade in der überseeischen Welt, während Europa — vom Kali abgesehen — nur wenige solcher Rohstoffe aufweist. Noch immer hängt die Billigkeit der Kleidung in der Welt von der Baumwollernte der Vereinigten Staaten ab, welche daher die ganze Welt in jedem Hochsommer mit höchster Spannung verfolgt, noch immer ist der Welt-Wollmarkt von den Abgaben Australiens abhängig, noch immer erzeugt die amerikanische Union fast 70% des Petroleums und die bei weitem überwiegende Menge von Kupfer, deckt Kanada den Nickelbedarf der Welt und die Straits-Settlements den Hauptbedarf an Zinn.

Die Tatsache also, daß die außereuropäische Wirtschaft die europäische minder dringlich braucht als diese die überseeische, ist durch die Minderung der Kaufkraft der ganzen Welt für fertige, insbesondere hochwertige Erzeugnisse, seit dem Weltkrieg zu besonderer Geltung gelangt. Diese Tendenz aber ist wesentlich verstärkt worden durch alle jene Momente, welche wir bisher unter dem Kennwort „Selbstversorgung" behandelt haben. Die wachsende industrielle Selbstversorgung der überseeischen Länder bedeutet nichts weiter als ein „Los" von Europa, während Europa dieser Bewegung weder ein „Los" vom Weizen, Mais, den Fetten und Ölsaaten, der Baumwolle, Wolle, Jute und den mineralischen Rohstoffen seiner bisherigen überseeischen Lieferanten entgegenzustellen vermag.

Die Folge ist eine Tendenz zur Überpassivierung der europäischen Handelsbilanzen. Wir haben die Wirkung dieser Tendenz bereits an den Gesamtergebnissen der englischen Handelsbilanz konstatiert. Gerade hier zeigt sich die Enteuropäisierungstendenz auf das Deutlichste. Denn der enorm gesteigerte Einfuhrüberschuß (1913: 158 Millionen, 1924: 341 Millionen Pfund Sterling) erklärt sich bei näherer Betrachtung durch die Erhöhung des Werts außereuropäischer Einfuhren und das relativ geringe Anwachsen außereuropäischer Ausfuhren. Während die Einfuhr nach England (exkl. Irischen Freistaat) aus Europa von im Jahre 1913 289 Millionen Pfund Sterling auf im Jahre 1923 299,6 Millionen Pfund Sterling anstieg, ist diejenige aus den Vereinigten Staaten allein von 130 auf 197, die ganz Amerikas von 137 auf 215 Millionen Pfund Sterling gewachsen; bei der Ausfuhr das umgekehrte Bild: die europäische Ausfuhr Englands beträgt im Jahre 1913 178,6 Millionen Pfund Sterling, steigt im Jahre 1923 (ohne Irischen Freistaat) auf immerhin 246,5 Millionen Pfund Sterling, während die Ausfuhr nach den nordamerikanischen Ländern nur von 35,6 auf 62,9 Millionen Pfund Sterling zu steigen vermag. Immerhin hat England in seinem Handel mit den Dominions wahrscheinlich dadurch diese Enteuropäisierungstendenz etwas ausgleichen können, daß die Vorzugszölle eine Verschiebung der verringerten Gesamtausfuhr Europas zugunsten Englands bewirken mußten. Jedoch fällt es auch hier auf, daß England nach Kanada im Jahre 1923 für 4,3 Millionen Pfund Sterling mehr ausführte als im Jahre 1913, dagegen für ca. 21,5 Millionen Pfund Sterling mehr aus Kanada bezog.

Eine überaus willkommne statistische Ergänzung zu der Frage der Enteuropäisierung der Welt-Handelsbilanz hat neuerdings der Völkerbund gegeben. In einer im Herbst 1925 veröffentlichten Arbeit, die sich „Memorandum on Balance of Payments and Foreign Trade

Balances 1910—1924" betitelt, sind die Handelsbilanzen der verschiedenen Länder, ebenfalls unter Berücksichtigung der Preisveränderungen seit 1914 berechnet worden. Es ergibt sich dann folgendes Bild, welches mit den Angaben des Survey of Overseas Markets und unsern eignen Darstellungen im wesentlichen übereinstimmt, dieselben freilich noch ergänzt:

Anteil verschiedner Ländergebiete am Welthandel

	Einfuhr		Ausfuhr		Gesamthandel	
	1913	1924	1913	1924	1913	1924
Europa	69,34	61,85	62,40	51,12	65,99	56,66
Nordamerika	12,23	16,29	15,83	22,10	13,96	19,10
Mexiko, Panama usw.	1,54	2,04	2,10	3,62	1,82	2,79
Südamerika	5,59	4,95	6,60	6,78	6,07	5,84
Afrika	1,70	1,89	2,61	2,65	2,14	2,26
Asien	7,14	9,79	7,84	10,33	7,48	10,06
Australien	2,46	3,19	2,62	3,40	2,54	3,29

Man konstatiert an Hand dieser Zahlen, daß freilich noch immer der europäische Außenhandel — trotz aller Rückschläge — im Weltgeschäft dominiert. Aber diese sicherlich nicht zu unterschätzende und die europäische „Kundschaft" wirksam illustrierende Tatsache ändert nichts daran, daß der „Tendenz" nach eine Enteuropäisierung der Welthandels-Bilanz vorliegt. Ganz besonders fällt auch bei dieser Tabelle wiederum der besonders starke Rückgang des europäischen Ausfuhr-Anteils gegenüber dem weniger verminderten Import-Anteil auf, eine Tendenz, die derjenigen in Nordamerika genau entgegengesetzt ist.

Zu dieser durch die natürlichen Bedarfsdeckungsverhältnisse und ihre Veränderung in der Nachkriegszeit gegebene Enteuropäisierungstendenz kommt nun als besonders verschärfendes Moment alles, was wir zuvor über den Charakter und den Umfang staatlich geförderter Eigenversorgung darlegten. Auch hier ist zu bedenken: daß der Staat, der sich stärker selbst versorgen will, leichter daran ist, wenn er sich vor der Einfuhr fremder Fabrikate als vor derjenigen von Nahrungsmitteln und Rohstoffen zu „schützen" sucht. Eine Teuerung von Brot und Fleisch durch Zölle, eine Verteuerung der Urstoffe der Industrie wird selten von einem Volke mit jener

Opferwilligkeit aufgenommen, wie es beim Schutz heimischer Fabrikationen der Fall zu sein pflegt, ganz besonders, wenn damit argumentiert wird, daß diese „nationalen" Industrien die Unabhängigkeit von fremder Luxuseinfuhr gewährleisten. Der Zoll auf Fabrikate wird auch in den arbeitenden Klassen nicht selten als ein Schutz der nationalen „Arbeit" aufgefaßt, der Zoll auf Lebensmittel wird von ihnen begreiflicherweise nur unter dem Gesichtspunkt des Konsums gewertet. Wollten die europäischen Staaten die handelspolitische Abwehr ihrer Erzeugnisse auf überseeischen Märkten mit erhöhten Zöllen auf unentbehrliche Lebensmittel und Rohstoffe „beantworten" (die Einführung solcher Zölle aus anderen Gesichtspunkten heraus wird von dieser Frage unberührt), so würden sie sich nur ins eigene Fleisch schneiden. Die Konsumenten überseeischer Länder aber haben sich anläßlich der Kriegsteuerung so sehr an die Preiserhöhung der industriell erzeugten Fabrikate gewöhnt, daß ihnen die Fortsetzung eines Teils dieser Teuerung durch Zölle zum Schutz der einmal entstandenen Industrien gar nicht so unbillig erscheint.

Damit erscheint also von vorneherein auch die handelspolitische Situation der alten Kulturländer und die Möglichkeit, die Einengung des überseeischen Marktes ihrerseits durch zollpolitische Mittel auszugleichen, die eventuell zu einer reziproken Verringerung der dortigen Barrieren führen könnten, überaus ungünstig. Wie ist nun aber die Stellung derselben gegenüber den industriellen Neuländern auf dritten Märkten?

Diese Frage ist eine der wichtigsten der ganzen Betrachtung der heutigen Weltmarktsstruktur. Sie sucht die Antwort darauf, inwieweit es unter den Einflüssen des Krieges und seiner Nachzeit den industriell profitierenden Neuländern gelungen ist, über die gesteigerte Selbstversorgung hinaus an die Eroberung fremder Märkte heranzutreten und sich auch späterhin auf diesen gegenüber den alten europäischen Konkurrenten zu behaupten. Läßt sich die Enteuropäisierungstendenz auch hier, also nicht nur zwischen den überseeischen Ländern und der alten, von ihr in erster Linie mit Nahrungsmitteln und Rohstoffen versorgten Welt, sondern auch auf dritten, ihrer beiderseitigen Konkurrenz ausgesetzten Märkten konstatieren?

Es ist von vorneherein klar, daß der Weltkrieg und seine Folgen auch hier der industriellen Überseentwicklung zugute kommen mußten. Auch hier wirkte ja die teilweise Abschneidung von der europäischen Zufuhr sowie die Verknappung aller europäischen Waren als ein Stimulus, sich von andern Märkten her einzudecken, soweit diese exportfähig waren. Dabei spielte nun weder die Preisfrage noch die Qualitätsfrage die Rolle wie zuvor. Wichtiger war es, Waren überhaupt zu erhalten. Benachbarte überseeische Gebiete und solche, die durch einen noch unbehinderten Seeweg Verbindungen hatten, sahen sich im Austausch ihrer Erzeugnisse begünstigt, gewissermaßen durch die europäische Verwirrung näher gerückt.

Unzweifelhaft haben von dieser Entwicklung wiederum die Vereinigten Staaten, neben Japan, den englischen Dominions und Indien, am meisten profitiert. Man kann zwar dritte Märkte nicht durch Schutzzollpolitik erobern wie den heimischen, aber der finanziell erstarkende Staat hat stärker als verarmende Länder ein anderes Mittel zur Hand, das im Frieden — mit einem gehässigen Sinn gegen Deutschland so genannt — als „peaceful penetration", friedliche Durchdringung bezeichnet wurde und seit dem Weltkrieg von der amerikanischen Union im stärksten Maße für sich selbst in Anspruch genommen worden ist. Die Stellung der europäischen Staaten vor dem Kriege war nach den Ausführungen von Prof. Franz Eulenburg[83]) dahin zu charakterisieren: Europa hatte für die wirtschaftliche Erschließung der Welt allenthalben den Anstoß gegeben. Eulenburg berechnet, daß vor dem Kriege jährlich 10 Milliarden Goldmark in die übrige Welt, einschließlich der Vereinigten Staaten von Amerika, strömten. Nach dem Kriege ist Europa Schuldnerland geworden. Nicht nur auf das verarmte Deutschland trifft dies zu, sondern auch auf Frankreich, das, wenn es seinen Verpflichtungen nachkommen wollte, jährlich etwa $1^1/_2$ Milliarden an Amerika zu zahlen hätte, während wir von England konstatieren konnten, wie seine Stellung als Kreditgeber durch die Verschlechterung seiner Zahlungsbilanz heute ihre einstige Bedeutung einge-

83) Vgl. Eulenburg, Die Verschiebung des weltwirtschaftlichen Schwergewichts. In: „Die Weltwirtschaft", Juli 1925. S. 122.

büßt hat. Das Volksvermögen der Vereinigten Staaten dagegen hat sich im letzten Jahrzehnt um nicht weniger als 70% gesteigert, ihr Volksvermögen beziffert sich nach den Angaben der New York National City Bank auf 320 Milliarden Dollar, während dasjenige Englands auf 89, Frankreichs auf 68, Deutschlands auf 36, Spaniens auf 29, Italiens auf 26 Milliarden Dollar geschätzt wird.

Die Vereinigten Staaten haben ihre finanzielle und machtpolitische Stellung als reichstes Land der Welt nicht ungenutzt gelassen. Es ist beachtenswert, was hierüber ein Kenner gerade dieser Verhältnisse, der Referent beim deutschen Industrie- und Handelstag, Dr. G. Riedberg, schreibt: „Ein wesentlicher Teil der Handelspolitik der Vereinigten Staaten besteht in der Anwendung gerade der Mittel, die nach dem Grundsatz der Gleichberechtigung verpönt sein sollten, der Mittel kapitalistischer Durchdringung und Unterwerfung. In Mittel- und Südamerika vor allem ist das Wesen der amerikanischen Handelspolitik nicht aus der Fassung der Handelsverträge zu erkennen. Dort geht die Eroberung mit dem Dollar, jenes System von Anleihen mit Konzessionen und Verpfändung von Zöllen ... seinen ungestörten Gang.“ [84]) Auch der Balfour-Bericht geht an diesem Thema nicht vorüber, wenn er auch selbstverständlich dasselbe in mehr oder weniger vorsichtige, für den amerikanischen Leser nicht verletzende Worte kleidet. Er schreibt [85]): „Die relative Unversehrtheit der amerikanischen Industrie von den unmittelbaren Wirkungen des Krieges zusammenfallend mit der enorm gesteigerten finanziellen Stärke der Union und der allmählich sich steigernden Kontrolle über industrielle Unternehmungen über See, hat den Vereinigten Staaten eine weit stärkere Stellung als vor dem Kriege auf einzelnen Märkten gegeben und zwar besonders auf denen des amerikanischen Kontinents.“

Über die Verteilung der amerikanischen Finanzbeteiligungen gibt folgende Tabelle einen interessanten Überblick. Es betrug der (geschätzte) Betrag amerikanischer Investierungen im Jahre 1923 in Millionen Dollars:

---

84) Vgl. Berliner Börsenkurier vom 22. und 25. März 1924.
85) Vgl. a. a. O. S. 21.

Gebiet	In fremden Anleihen	In industriellen Werten und Unternehmungen
Canada	750	1750
Cuba	110	1250
Mexiko.	22	1000
Zentralamerika . . .	48	100
Südamerika . . .	430	800
Europa.	950	350
Asien	190	250
Zusammen	2500	5500

Man bemerkt: während die Investierungen der Union in Europa sich in erster Linie auf Anleihen erstrecken, wenden sie sich außerhalb Europas an die industrielle Beteiligung, augenscheinlich weil hier die bedeutenden und Zukunft versprechenden Handelsgebiete für amerikanische Industriewaren liegen. Der Zusammenhang zwischen „peaceful penetration" und wachsendem Nationalreichtum wird durch diese Ziffern ersichtlich.[86])

Versuchen wir nunmehr ein Bild von den Besonderheiten der weltwirtschaftlichen Enteuropäisierung zu geben, nämlich der Verschiebung des Anteils an der Versorgung überseeischer Märkte zugunsten nichteuropäischen Wettbewerbs.

2. DIE VERSCHIEBUNGEN IM INTERNATIONALEN WETTBEWERB

Dreierlei sei zuvor bemerkt, ehe aus den bisherigen statistischen Materialien dieses Bild entworfen wird. Einmal: die außerordentlich revolutionäre Art der Nachkriegs-Wirtschaftsepoche läßt nicht zu, in den hier zu gebenden Ziffern bereits ein Definitium zu sehen. Es ist ohne weiteres klar, daß der Anteil nichteuropäischer Länder an der Versorgung überseeischer Länder in der ersten Zeit nach dem Kriege sich nicht rasch verringerte und daß auch heute noch, wenn auch allmählich die flüssigen Erscheinungen sich zu festigen beginnen, der Anteil verschiedener Überseeländer an ihrer eigenen gegenseitigen Versorgung vielleicht größer ist, als er in kommender Zeit der wirtschaftlichen Rehabilitierung Europas sein mag. So ist es zum Beispiel — um nur ein Beispiel zu nennen — be-

86) Vgl. Overseas Markets S. 462.

zeichnend, daß im Jahre 1919 noch die Vereinigten Staaten der Hauptversorger Niederländisch-Indiens mit Eisenbahnbetriebsmaterial und Maschinen waren, während seitdem die amerikanischen Geschäftshäuser dort erheblich unter europäischem Wettbewerbe gelitten haben. Zweitens: so wichtig die Verschiebungen in dem Anteil der einzelnen Länder an der Versorgung anderer als Tendenzaufzeiger sind, ist es nicht ratsam, die Bedeutung dieser Prozentziffern zu überschätzen, wenn sich dieselbe in einer bloßen Steigerung dokumentiert. Es ist gewiß sehr beachtenswert, daß sich die Ausfuhr von Fabrikaten aus den Vereinigten Staaten um 48,2% zwischen 1913 und 1923 gesteigert hat, während die Ausfuhr englischer Fabrikate gleichzeitig um 21,4% gesunken ist. Aber es bleibt zu bedenken, daß die Ausfuhr der Vereinigten Staaten im Jahre 1923 immer erst gemessen an den Preisen von 1913 ca. 1560 Millionen Dollars, gleich ca. 6,3 Milliarden Goldmark betrug, während die englische Fabrikatausfuhr trotz ihrer Senkung noch 325 Millionen Pfund Sterling, gleich ca. 6,5 Milliarden Goldmark betrug. Ist in irgendeinem Lande der Anteil der Versorgung durch irgendein Land um 100% gestiegen, sagen wir von 10 Millionen auf 20 Millionen Dollars, so ist dies gewiß als „Tendenz" in jedem Falle bedeutsam, aber die absolute Tragweite dieser Einfuhr wird verschieden sein, je nachdem etwa die Einfuhr aus anderen Ländern nur im ganzen 100 Millionen oder aber 200 Millionen Dollars beträgt. Im letzteren Falle wird der Rückgang in der Versorgung durch ein anderes Land, sagen wir von 140 auf 120 Millionen Dollar, immer noch das Schwergewicht bei demjenigen Wettbewerber lassen, dessen prozentualer Versorgungsanteil gesunken ist. Endlich drittens: die vorhandenen Ziffern lassen eine spezielle Gliederung der überseeischen Einfuhrprovenienzen nach Art der Güter nicht zu. Es muß daher genügen, die Enteuropäisierungstendenz aus den Ziffern der allgemeinen Einfuhr zu folgern, ohne spezielle Rücksicht auf Nahrungsmittel-, Rohstoff- und Fabrikateinfuhr. Da aber die überseeischen Gebiete, um die es sich hier handelt, im ganzen als Rohstoff- und Nahrungsmittelexportländer und Fabrikatimportländer anzusprechen sind, so wird sich für die auf allgemeine Ergebnisse eingestellte Betrachtung nichts an der Schlußfolgerung ändern, daß die Verschiebungen in erster Linie auf die veränderte Provenienz der Einfuhren industrieller Erzeugnisse zurückzuführen sind.

a) NORDAMERIKA

Die Vereinigten Staaten von Amerika bezogen von ihrer Gesamteinfuhr:

	1910—1914 (Durchschnitt) %	1923 %
aus Europa	49,5	30,5
Nordamerika	20,6	26,4
Südamerika	12,2	12,3
Asien	15,3	26,9
Australien	1,0	1,6
Afrika	1,3	2,3

Die Enteuropaisierungstendenz der amerikanischen Einfuhr wird ohne weiteres ersichtlich. Da aber immerhin noch 80% der amerikanischen Einfuhr aus Rohstoffen und Halbzeug für die Industrie sowie aus Nahrungsmitteln besteht, so hatte selbstverständlich Europa von vorneherein wenig Chance, seinen Anteil an der amerikanischen Einfuhr gerade nach dem Kriege zu verbessern. Immerhin hätte Europa als Warenvermittler wieder seine alte Rolle aufnehmen und durch die Wiederausfuhrziffern den Rückgang der Ausfuhr wettmachen können. Gerade hierin versagte es. Die Wiederausfuhr Englands, des größten europäischen Versorgers der Union, betrug im Jahre 1910—14 für 30,8 Millionen Pfund Sterling nach den Vereinigten Staaten, dagegen im Jahre 1923 nur 25,9 Millionen Pfund Sterling, was angesichts der gestiegenen Preise ein gewaltiger Rückschritt ist. Nimmt man z. B. einen wichtigen Wiederausfuhrartikel Englands, das Zinn, so ergibt sich, daß die Union im Jahre 1910—14 57 700 000 Gewichtspfunde aus England, nur 38 000 000 aus den Strait direkt einführte, im Jahre 1923 25,0 Millionen aus England, dagegen 105 Millionen aus den Straits direkt. Der Rückgang des europäischen Wiederausfuhrgeschäftes ist also ein wichtiger Faktor in der Reihe der Enteuropäisierungstendenzen. Zu wichtigen Konkurrenzwaren überseeischer und europäischer Wettbewerber auf dem Markte der Union nach dem Kriege haben sich entwickelt: Papier durch die stärkere Versorgung aus Kanada, Zucker durch die Rohrzuckerkonkurrenz Kubas, Seide durch Hervortretens Chinas und Japans, ebenso Porzellan durch die japanische Konkurrenz.

Über die Steigerung der Weltversorgung mit Fertigwaren durch die Vereinigten Staaten unterrichtet folgende Tabelle, welche die prozentuale Beteiligung der Erdteile an der Fabrikatausfuhr wiedergibt. Es exportierten die Vereinigten Staaten von ihrer Gesamtausfuhr an Fertigwaren:

	1910—1914 (Durchschnitt) %	1922 %
nach Europa	31,9	29,3
Nordamerika	36,8	31,3
Südamerika	12,7	12,8
Asien und Australien	16,2	23,9
Afrika	2,4	2,7

Trotz der durch den Rückgang des prozentualen Anteils Kanadas gegebenen Verschiebung zeigt sich auch hier die Enteuropäisierungstendenz aufs Deutlichste. Sie wird vor allem durch die starke Zunahme der amerikanischen Fabrikatausfuhr nach Asien und Australien gekennzeichnet, die im Jahre 1910—14 durchschnittlich erst 106 Millionen Dollars, dagegen im Jahre 1923 309 Millionen Dollars betrug, während die Ausfuhr amerikanischer Fabrikate nach Europa nur von 209 auf 379 Millionen Dollars gestiegen war. Dieses Ergebnis wird sich ebenso in den Einfuhr-Verteilungsziffern der hauptsächlichen überseeischen Kundenstaaten der Union wiederspiegeln. Als Waren der Union, die auf diesen Märkten hauptsächlich mit europäischen konkurrieren, seien genannt: Baumwollgewebe und Strümpfe, landwirtschaftliche Maschinen, Automobile, Lokomotiven, Schienen in Südamerika, Eisen- und Stahlerzeugnisse, Konstruktionsweisen in Japan, Geräte der verschiedensten Art in Australien, Automobile, Gummireifen, landwirtschaftliche Maschinen, elektrische Utensilien in Südafrika.

Für Kanada als Bezugsland spielen zwei Länder die entscheidende Rolle: die Vereinigten Staaten und England. Es betrug:

	Gesamteinfuhr Mill Dollars	Einfuhr nach Canada aus England	%	aus Ver. Staat.	%
1912—1913	671	138,7	20,7	436,9	65
1923—1924	893,4	153,6	17,2	601,3	67,3

Zu dieser Allgemeintendenz der Enteuropäisierung der kanadischen Einfuhr tritt die spezielle bei der Fabrikateinfuhr; diese ist zwar insofern prozentual zurückgegangen, als sie unmittelbar vor dem Kriege 68,9% der Gesamteinfuhr, 1923 dagegen nur 61,9% derselben ausmachte. Der Anteil aber der Vereinigten Staaten an dieser Einfuhr betrug damals 36,6%, heute 32,9%, zeigt also immer noch eine Überlegenheit gegenüber der Einfuhr aus allen anderen Ländern, die an Kanadas Versorgung teilnehmen. Auch hier ist die Entwicklung auf einzelnen Gebieten, die speziell einen wettbewerblichen Charakter zwischen Amerika und Europa an sich tragen, charakteristisch: so deckte z. B. Kanada seine Baumwollwaren-Einfuhr vor dem Kriege mit 61%, im Jahre 1923 nur mehr mit 50% aus England, während der Anteil der Vereinigten Staaten an dieser Versorgung von 28% auf 42% gestiegen ist. Bei Seidenwaren ging die englische von 43 auf 15 zurück, während der Anteil der Vereinigten Staaten an der kanadischen Seidenwaren-Einfuhr sich von 15% auf 23% erhöhte.

b) SÜDAMERIKA

Daß die Kriegsverhältnisse gerade das Eindringen nordamerikanischer Konkurrenz nach den südamerikanischen Staaten begünstigten, ist ohne weiteres begreiflich, da die Union gerade für dieses Ländergebiet der nächstliegende Ersatzlieferant ausbleibender Europawaren war. Nach dem Kriege hat die Verkehrsentwicklung über den Panamakanal diese Tendenz weiter gefördert. Dies zeigt sich aus der ständig wachsenden Tonnageziffer der den Panamakanal befahrenden amerikanischen Schiffe. Dieselbe betrug im Jahre 1920 3,7 Millionen, im Jahre 1923 10,2 Millionen und im Jahre 1924 bereits 15,8 Millionen Tonnen, mit einem Prozentsatz von 44,4 bzw. 54,9 bzw. 60,4 an der Welt-Gesamttonnage, die diesen Weg nahm.

Über die Verteilung der Einfuhrversorgung südamerikanischer

Staaten vor und nach dem Kriege geben folgende Ziffern einen gewissen Überblick (Die eingeklammerten Bezeichnungen geben lediglich die Währung an, in welcher die absoluten Ziffern der Werteinfuhr berechnet sind!):

a) Argentinien:

	Prozentanteil an der Gesamteinfuhr (in Millionen Gold-Pesos)	
	1913	1923
Vereinigtes Königreich . .	31,0	23,8
Verein. Staaten v. Amerika.	14,7	20,9
Deutschland	16,9	13,6
Italien	8,3	7,8
Frankreich	9,0	6,7
Belgien	5,2	5,2
Brasilien	2,2	5,3
Mexiko	0,3	1,8
Spanien	2,9	3,5
Andere Länder	9,5	11,4

b) Brasilien:

	Prozentanteil an der Gesamteinfuhr (in Pfund Sterling)	
	1913	1923
Vereinigtes Königreich . .	24,5	26,6
Verein. Staaten v. Amerika.	15,7	22,2
Deutschland	17,5	10,4
Argentinien	7,4	12,3
Frankreich.	9,8	6,4

c) Chile:

	Prozentanteil an der Gesamteinfuhr (in Millionen Pesos)	
	1913	1922
Vereinigtes Königreich . .	30	24,0
Deutschland	24,5	14,0
Verein. Staaten v. Amerika.	16,7	26,8
Frankreich	5,5	5,0
Peru	4,0	8,2

d) Paraguay:

	Prozentanteil an der Gesamteinfuhr (in Gold-Dollars)	
	1913	1923
Vereinigtes Königreich . .	28,6	22,8
Deutschland	27,6	5,8
Verein. Staaten v. Amerika.	6,0	15,7
Argentinien	13,4	34,4
Brasilien	0,6	8,1
Uruguay	0,7	2,6

Diese Aufstellungen scheinen folgende Gesamtentwicklung zu zeigen: Im Vergleich zur Friedenszeit überall die Tendenz starker Zunahme des Anteils der Vereinigten Staaten als Lieferanten. Gleichzeitig Rückgang der europäischen Anteile, insbesondere desjenigen Deutschlands und Englands, dagegen Zunahme der inter-südamerikanischen Beziehungen. Also als Ganzes unbestritten: eine starke Enteuropäisierungstendenz. Die wachsenden Austauschbeziehungen zwischen den südamerikanischen Staaten selbst sind dabei nicht zu übersehen. So konnte sich Brasilien im Jahre 1923 mit 15% an der Textilwareneinfuhr Paraguays beteiligen, während es bisher überhaupt kaum Textilwaren ausgeführt hatte. Andererseits liegen zahlreiche Berichte gerade aus Südamerika vor, welche eine starke Erholung des deutschen Ausfuhrhandels dorthin zu melden wissen. So schreibt der Balfour-Bericht z. B. über Brasilien: „Deutschland ist im Begriff, seine Exportmengen nach Brasilien rasch zu steigern und hat bereits heute seine einstige Stellung als ernstester Wettbewerber Englands wieder inne. Es hat seine Stellung als hauptsächlicher Lieferant von Anilinfarben wiedererobert, die in Anbetracht der Entwicklung lokaler Textilindustrien eine wachsende Bedeutung gewinnen, außerdem ist es ein ernster Wettbewerber in Maschinen, verschiedenen Metallwaren, chemischen Erzeugnissen Erzeugnissen und elektrischen Apparaten."

c) DER FERNE OSTEN

Japan, China, Indien und Australien scheinen in mancher Beziehung die gleichen kommerziellen Annäherungstendenzen zu entwickeln wie etwa Nord- und Südamerika und die südamerikanischen Staaten untereinander. Rechnet man hierzu den wachsenden Einfluß der Vereinigten Staaten in Japan, so ergibt sich ebenfalls eine starke Enteuropäisierungstendenz. Folgende Ziffern sind für die Provenienzen der japanischen Einfuhren charakteristisch. Es betrug in Millionen Yen die Einfuhr:

	1904	1913	1923
Vereinigte Staaten von Amerika .	58	122	512
Britisch-Indien	68	173	306
Vereinigtes Königreich	75	123	237
China	55	61	205

Bestand schon vor dem Kriege eine Tendenz, die Einfuhren aus England zugunsten nichteuropäischer Länder zu vermindern, so hat der Krieg diese Tendenz ganz erheblich verschärft. Der Wettbewerb zwischen den Vereinigten Staaten spielt sich heute hauptsächlich auf dem Gebiete der Motorfahrzeuge und der Maschinen, besonders elektrischer Maschinen ab. Aber auch in der Lieferung von Eisenwaren, wie Schwarzblech und Weißblech, dem Erzeugnis der alten wallischen Tinplate Industry, ist England von Amerika auf dem japanischen Markt geschlagen worden. Dagegen hat Deutschland seine Stellung als Lieferant von Teerfarbstoffen, die schon vor dem Kriege ein sehr wichtiger Bestandteil seiner Japan-Ausfuhr gewesen ist, behauptet. Etwa 85% aller importierten Farbstoffe stammen aus Deutschland.

Ganz besonders bedeutungsvoll ist das Anwachsen des industriellen Japans für den indischen Markt und seine Versorgung gewesen, obschon auch hier natürlich das Eindringen Amerikas eine Rolle spielt. So hat die Einfuhr aus Japan sich geradezu diametral zu der englischen in der Baumwollgarnversorgung Indiens entwickelt. Der Anteil der Einfuhr von Garnen aus England an der Gesamtgarneinfuhr ist von dem fast monopolistisch zu nennenden Prozentsatz von 86% im Jahre 1913/14 auf 47% im Jahre 1923/24 gesunken, während der Prozentsatz des japanischen Anteils an der samteinfuhr von 2% auf 46% (beide Ziffern nach den Gewichtseinfuhren berechnet) gestiegen ist. Ebenso hat sich der Anteil an der japanischen Einfuhr von Baumwollgeweben bei den rohen Geweben von 0,5% auf 13,7% gehoben, während der englische von 98,8% auf 85,2% zurückging. Bei der Einfuhr von Eisen und Stahl in Indien scheint nach den Angaben des Balfour-Berichtes die wesentliche Erhöhung der amerikanischen Einfuhr nicht angehalten zu haben. Dagegen zeigt sich wiederum bei der Einfuhr von Automobilen die Zunahme des nordamerikanischen Einflusses. Während im Jahre 1913/14 von einer Gesamteinfuhr von 2880 allein 1669 auf englische Provenienz fielen, hat sich bei einer Gesamteinfuhr von fast 8000 im Jahre 1923/24 die Einfuhr aus England auf nur 1003 gemindert, während aus den Vereinigten Staaten 2865 und aus Kanada sogar 3290 Automobile eingeführt wurden.[87])

Für Australien liegen Ziffern vor, welche speziell den Wettbewerb solcher Waren betreffen, in denen England — als europäisches Land, das hier in erster Linie in Betracht kommt — mit anderen Ländern konkurriert. Bei diesen sogenannten „competitive imports" Englands nach Australien betrug der englische Anteil im Jahre 1922/23 60,4%, derjenige der Vereinigten Staaten 17,2%, der Japans 3,3%. Im Jahre 1913 hatten die Ziffern gelautet: für englische Einfuhr 63,2%, für amerikanische 14,9%, die japanische war ganz unbedeutend gewesen, aber der Anteil Deutschlands an dieser Einfuhr hatte 11,4% betragen, während er jetzt ganz gering ist (im Jahre 1913 7 Millionen Pfund Sterling, im Jahre 1922/23 nur 573000 Pfund Sterling!). Also auch hier wird die Enteuropäisierung erkennbar. Sehr charakteristisch für die Entwicklung der Enteuropäisierung sind die Ziffern für die Südafrikanische Union. Hier fällt vor allem die Zunahme inter-britischkolonialer Beziehungen auf. Es betrug am Gesamtwert der Einfuhr (in Pfund Sterling):

	% der Gesamteinfuhr	
	1913	1923
aus Vereinigtes Königreich	54,4	52,1
Indien	2,8	4,2
Canada	2,2	3,3
Australien	5,2	3,2
anderem britischen Besitz	2,1	3,8
Vereinigte Staaten von Amerika	9,5	12,9
Deutschland	8,8	5,0

87) Ähnlich in Ägypten. Die Zahl der aus den Vereinigten Staaten eingeführten Automobile aller Art steigt von 373 im Jahre 1924 auf 848 im Jahre 1925, die Einfuhr englischer Wagen nur von 37 auf 61. Economist vom 11. Juli 1925.

Die Zunahme der inter-kolonialen Einfuhr dürfte hier nicht unwesentlich durch das Bestehen der Vorzugszölle gefördert worden sein, die als „empire preference“ allen britischen Landesgebieten zugute kommen.

Wir haben uns von dem Bestehen der Enteuropäisierungstendenz der Weltwirtschaft nach dem Kriege überzeugen können. Sie wird bedingt durch die gesteigerte Selbstversorgung der überseeischen Länder mit industrieerzeugten Waren während des Krieges und nachher, durch die zugunsten dieser Länder sich entwickelnde allgemeine Lage des Weltmarktes, dessen Bedarf nach überseeischen Agrarerzeugnissen und monopolistischen Rohstoffen nach dem Kriege bestehen bleibt, während der Bedarf nach Fertig- und Qualitätswaren auf Grund der allgemeinen Wohlstandsschwächung zurückgeht, sie findet einen Schwerpunkt in der finanziellen Erstarkung der Vereinigten Staaten von Amerika, kommt Europa gegenüber zum Ausdruck in einer gesteigerten industriellen Konkurrenz der neuen Industrieländer auf dritten Märkten über See, wobei sie durch das System der finanziellen Protektion dieser Märkte durch die Vereinigten Staaten und durch das Bestehen des inter-kolonialen Vorzugszollnetzes der britischen Besitzungen verstärkt wird. Wir haben nunmehr noch zu erörtern, welches die Stellung der europäischen Exportindustrie zu diesen Veränderungen ist und möglicherweise sein wird.

3. DIE STELLUNG DER EUROPÄISCHEN EXPORTINDUSTRIE ZU DEN VERÄNDERUNGEN DES WELTMARKTES

In der stärkeren Industrialisierung überseeischer Gebiete und der damit hervorgerufenen Enteuropäisierungstendenz würde unter normalen Verhältnissen weltwirtschaftlicher Entwicklung kein Grund zu besonderer Besorgnis europäischer Industrieländer liegen. Eine Industrialisierung zivilisierter Territorien über See läßt sich heute ebensowenig aufhalten wie im 18. Jahrhundert, als die wirtschaftliche Verselbständigung der nordamerikanischen Staaten die Triebfeder zu ihrer Losreißung von England bot. Kein Land mit steigender innerer Zivilisation wird auf die Dauer die Rolle des bloßen

Nahrungsmittel- und Rohstoffexporteurs spielen wollen und es ist niemals ein Zeichen sich verringernder Kultur, sondern steigenden Kulturehrgeizes gewesen, wenn die Verarbeitung und Verfeinerung der Erzeugungen im eigenen Territorialbereiche erstrebt worden ist. Die Ausweitung des allgemeinen weltwirtschaftlichen Reichtums, welche im Laufe des 19. und in den ersten 14 Jahren des 20. Jahrhunderts durch diese Entwicklungen über See erzielt worden ist, kam in Form einer allgemeinen Bedarfssteigerung dieser Gebiete auch den alten industriellen Kulturländern zugute und es dürfte kaum irgendein Staat in der damaligen Zeit den Wunsch gehegt haben, den Fortschritt der neuen Länder irgendwie zurückgeschraubt zu sehen.

Anders freilich wird diese Lage, wenn der „Fortschritt" der überseeischen Gebiete durch besondere, die normale Entwicklung überflügelnde, ja sie revolutionierende Ereignisse überspannt wird und gleichzeitig das Äquivalent dieser Entwicklung für Europa verschwindet. Der Krieg und die Nachkriegsereignisse haben der Entwicklung überseeischer Industrien nicht nur einen Anreiz gegeben, der weit über das Maß der bisherigen normalen Entwicklung hinausging, dessen Wirkung dann noch durch besondere Mittel staatlicher Fürsorge perpetuiert worden ist, sondern sie haben gleichzeitig auch den Ausgleich dieser Entwicklung für die europäische Exportfähigkeit dadurch inhibiert, daß sie eine allgemeine Schwächung der weltwirtschaftlichen Kaufkraft brachten. Die stärkere Selbsterzeugung der überseeischen Länder und ihre wachsende Industriekonkurrenz auf dritten überseeischen Gebieten konnte also von Europa nicht dadurch wettgemacht werden, daß seine Industrie nunmehr in den ihr liegenden Erzeugungen verfeinerter Qualität einen Ersatz gefunden hätte. Hierin liegt der Schwerpunkt und das Neue der Entwicklung. Es handelt sich heute tatsächlich um eine Verschiebung der internationalen Absatzverhältnisse zu Ungunsten Europas, nicht um eine bloße Veränderung derselben.

Freilich ist diese Verschiebung in dem für Europa ungünstigen Sinne durch das für heute entworfene Bild nicht endgültig bezeichnet. Wir sind mitten in einer Zeit, in welcher europäische Industrieländer zum Teil mit großem Erfolg um die Wiedereroberung dritter Märkte kämpfen. Daß hierin die deutsche Industrie einen beträchtlichen Erfolg aufzuweisen hat, ergibt sich aus vielen, aus dem Balfour-Bericht herauszulesenden Angaben.[88])

Allein andererseits und so sehr man diesen Tendenzen auch Beachtung schenken wird, es muß angenommen werden, daß von den zuvor geschilderten Enteuropäisierungstendenzen auf überseeischen Märkten ein gut Teil Bestand haben wird. Dazu ist der Zeitraum, in welchem sich die dortigen Industrien und ihre Exportfähigkeit entwickeln konnten, lang genug, die Preisbildung günstig genug gewesen und der heutige Zollsatz stark genug.

Was verbleibt der europäischen Groß-Exportindustrie? Es gibt in heutiger Zeit viele, welche das Heil in einer stärkeren Anpassung der europäischen Industrie an amerikanische Produktionsmethoden sehen. Um ein Beispiel herauszugreifen, sei ein Aufsatz des ehemaligen badischen Finanzministers Dr. Dietrich genannt, in welchem es unlängst unter dem Titel „Wege deutscher Wirtschaftspolitik" hieß:

„Für Gewerbe und Industrie vollends gilt es, das Wettrennen mit der fortgeschrittenen amerikanischen Technik aufzunehmen, das heißt, die Arbeitskraft besser zu nutzen, sie durch Maschinen zu ersetzen, die Maschinen zu vervollkommnen, die Qualität des Produktes zu heben und die Ausnützung der Rohstoffe, insbesondere der Kohle, in ungeahnter Weise zu steigern.[89])

Sehen wir davon ab, daß in dieser Zusammenstellung guter Ratschläge schon insofern eine Unlogik liegt, als es jedem Kenner der industriellen Erzeugung seltsam vorkommen wird, wenn man rät,

---

88) Vgl. Survey of Overseas Markets, S. 469, über Argentinien: „Im Jahre 1922 hat Deutschland in Argentinien viel von seinem verlorenen Geschäft wiedergewonnen, besonders in Eisen- und Stahlwaren.... In den ersten neun Monaten 1922 sandte Deutschland nicht weniger als 44000 Tonnen Stahl nach Argentinien." Über Brasilien S. 475: Vgl. das Zitat auf S. 89. Über Japan S. 413: „In Wollgarnen gewinnt Deutschland seine Vorkriegsstellung wieder." Über China S. 397: „Deutschland holt seine Vorkriegsvorteile auf dem Gebiete elektrischer Maschinen und Ausrüstung rasch ein." Für die Vereinigten Staaten vgl. S. 452 bis 453. Über Ägypten S. 232: „Der Handel mit Wollwaren ist jetzt so gut wie ganz in den Händen von Deutschland, Italien und Indien...." Ebenso in Wollwaren für Britisch-Indien S. 291: „Steigende Einfuhr von deutschen Tuchen."

89) Vgl. Berliner Tageblatt vom 17. Mai 1925, dazu meine Erwiderung am 23. Mai. A. A.

durch Anwendung der amerikanischen Technik unter anderm „die Qualität des Produktes zu heben". Gerade in der heute noch bestehenden Unmöglichkeit, hochwertige Qualitätswaren herzustellen, liegt — auch nach dem Balfour-Bericht — für europäische Industrien die unbegrenzte Möglichkeit in den Vereinigten Staaten.[90]) Eine Verwechslung der durch mechanisierte Arbeitsteilung verbilligten Massenerzeugung mit „Qualitäts"-Verbesserung wäre verhängnisvoll. Aber — davon zunächst abgesehen — ist es sehr fraglich, ob die Anwendung amerikanischer Mechanisierungsmethoden in Europa angebracht sein würde. Sie sind in den Vereinigten Staaten durch ganz bestimmte Umstände bedingt, die in Europa vor der Hand noch fehlen. Dazu gehört das Vorhandensein eines einheitlich abgeschlossenen Massenabsatz-Marktes im Lande selbst, die Zerschlagung der Erzeugungsprozesse in weit voneinander entfernt liegende Zentren, sowie die Trennung (Dezentralisierung) von Erzeugung- und Konsumstätte in einem in Europa ungekannten Maßstab. Beides hatte in Amerika die Konzentration sowohl der Erzeugung wie des Bedarfs zur Folge, schuf damit erst die Möglichkeit des amerikanischen Riesenbetriebs, der seine Massenerzeugung auf weite Entfernung an einen zentralisierten und standardisierten Bedarf absetzt, während in Europa der Bedarf zum großen Teil lokal zersplittert ist, durch Geschmack und Volkscharakter differenziert erscheint und daher gar nicht einer Massenbefriedigung unterworfen werden kann. Dazu kam in Amerika der Druck, die teure Arbeit durch arbeitsparende Maschinerie wo und wie irgendmöglich zu ersetzen. Alles das hat der amerikanischen Technik ihr spezifisches Gepräge gegeben.[91]) Selbstverständlich wird man auch in Europa alles tun müssen, um technisch nicht „rückständig" zu bleiben. Aber von dieser Forderung grundverschieden ist die Tatsache, daß fortgeschrittene Technik kein „Selbstzweck" ist, sondern daß ihre Anwendung durchaus von ihrer rentablen wirtschaftlichen Verwertbarkeit abhängt. Wo die Bedingungen einer Verapparatung des wirtschaftlichen Lebens gegeben waren, hat die Union frühzeitig auch in Europa Märkte erobert, wie etwa auf dem Gebiet

---

90) a. a. O. S. 456.

91) Vgl. Levy, Die Vereinigten Staaten als Wirtschaftsmacht. 1923. S. 54 ff.

der Schreib- und Rechenmaschinen, der Registrierkassen, später in billigen Automobilen usw. Wo die wirtschaftlichen Bedingungen fehlten, hat auch die amerikanische Konkurrenz keinen Erfolg gehabt; so ist der Versuch, amerikanische Lokomotiven in England einzubürgern, seinerzeit erfolglos verlaufen, weil die amerikanischen Lokomotiven bei der völlig anders gearteten Struktur des englischen Verkehrs und Verfrachtungsvolumens keine ausreichende Ausnützung fanden.

Es ist aber von vorneherein irreführend, wenn man die Vereinigten Staaten von Amerika und andere überseeische Industrie-Neuländer, wie etwa Kanada, oder einzelne Erzeugungen solcher Länder, wie etwa die Gewebeerzeugung Britisch-Indiens, in eine gleiche Linie mit der „europäischen Konkurrenz" stellt. Man scheidet damit das für die Zukunft der Konkurrenzverhältnisse wichtigste Moment der industriellen Differenzierung aus.

Gerade in dieser Hinsicht haben die Untersuchungen des Balfour-Ausschusses ein außerordentlich interessantes Material geliefert, das dem Wissenschaftler Unterlagen gibt, die er von sich aus nicht zu beschaffen in der Lage wäre. Diese Unterlagen weisen übereinstimmend darauf hin, daß der europäischen Exportindustrie die Märkte der verfeinerten Erzeugnisse heute auch über See so gut wie restlos verbleiben, und zwar trotz steigender „Selbstversorgung" und bei selbst höchsten Zolltarifen. So schreibt der Bericht über den europäischen Wettbewerb in den Vereinigten Staaten:

„Es besteht ein weites Gebiet verschiedener Waren, die je nachdem als Modewaren oder Luxusgüter bezeichnet werden, für welche die Vereinigten Staaten als großer Käufer trotz der Belastung durch den Zolltarif in Frage kommen. Die gesteigerte Kaufkraft des amerikanischen Volkes (hierunter ist die „relativ" gesteigerte Kaufkraft zu verstehen, denn sie würde bei einer anders gearteten Preisbildung in der Weltwirtschaft weit beträchtlicher gestiegen sein, d. Verf.) ist stark genug gewesen, um eine wachsende Nachfrage nach eingeführten Waren von hoher Qualität zu schaffen (hierunter befinden sich Porzellanwaren, Steingutwaren und Glas, hochwertige Erzeugnisse von Baumwoll- und Wollgeweben, Mode- und Leinenwaren, Lederspezialitäten, Sportartikel und gewisse Konserven). Die Vereinigten Staaten sind der Markt größter Kaufkraft und einem sehr hohen Lebensstandard. Als potentieller Käufer hochwertiger Waren, welche die europäische Industrie liefern kann, weisen sie unbegrenzte Möglichkeiten auf."

Mit den Absatzverhältnissen in Britisch-Indien liegt es ähnlich. Die heimische indische Textilindustrie muß sich zunächst auf die Herstellung gröberer Erzeugnisse beschränken, wenngleich dies natürlich einen Ausfall für die bisherigen europäischen Lieferanten bedeutet. In Garnen ist die Eigenproduktion von Nummern über 40 minimal, in den Nummern 20—40 halten sich im Wettbewerb England und Japan die Wage, dagegen beherrscht England die Einfuhr von feinen Garnen vollkommen. Ebenso verbleibt ihm die Befriedigung des verfeinerten Bedarfes an Geweben. Nur, daß hier die Senkung der allgemeinen Kaufkraft Indiens im Wege liegt. „Die größten Konsumenten britischer Textilien," so schreibt der Balfour-Bericht, „sind die oberen Klassen und die Geschäftsleute der Städte und Dörfer, während die eigentlich ländliche Bevölkerung sich mit den Stoffen kleidet, die in den Fabriken Bombays gewebt werden. Die englische Textilindustrie ist also für erweiterten Absatz hauptsächlich daran interessiert, daß der Lebensaufwand der städtischen Bevölkerung sich hebt und dies muß wieder von einer Erweiterung indischer Gewerbe und indischen Handels abhängen." Man erkennt: selbst ein Bericht, der gewiß der englischen Industrie wohl will, vertritt die gesteigerte industrielle Entwicklung eines überseeischen Landes als Grundlage steigenden Absatzes auch für die Industrie Englands. Auch für die japanische Textilindustrie zeigt es sich, daß sie in feineren Erzeugnissen auf den Märkten des fernen Ostens mit Europa nicht konkurrenzfähig ist. „Während die feineren Erzeugnisse und die Fertigfabrikation wohl infolge wachsender Erfahrung qualitativ verbessert wurden, ist von vorneherein nicht zu erwarten gewesen, daß sie sich Erzeugnissen der alten Industrieländer ebenbürtig zeigen würden", schreibt u. a. der Balfour-Bericht über die japanische Konkurrenz.

Auch hier wäre es natürlich verhängnisvoll, wenn die Industrien der alten Europaländer plötzlich nur mehr auf „Qualität" eingestellt sein sollten. Aber diese scharfe Scheidung hat der Weltkrieg keineswegs gebracht. In den Vereinigten Staaten von Amerika mag die Tendenz, die europäische Einfuhr nur auf verfeinerte Waren zu begrenzen, am stärksten sein. Auf anderen Märkten der Welt fühlt die europäische Großindustrie wohl die heftige Konkurrenz nach dem Krieg entstandener oder gekräftigter Stapelerzeugungen anderer Weltgebiete, aber von einer Verdrängung und einer bloßen Isolierung auf hochwertige Waren kann nach unseren Ergebnissen keine Rede sein. Wohl aber läßt sich etwas anderes behaupten: daß nämlich überall da, wo die europäische Exportindustrie diesen Verdrängungsprozeß in seinen Anfängen verspürt, sie schon zu einer Zeit, in welcher sie noch auf den früheren Gebieten Erfolge hat, aber immerhin unter dem wachsenden Druck ihrer ungünstigen Wettbewerbsverhältnisse leidet, darauf bedacht sein soll, rechtzeitig die Erweiterung anderer Erzeugungen und den Übergang zu verfeinerten Produktionen zu suchen. Nicht die Konkurrenz in den Stapelindustrien mit den neuen Industriemächten sollte das Augenmerk der europäischen, insbesondere auch der deutschen Großindustrie absorbieren, sondern der weit hoffnungsvollere Gedanke einer Sicherung der Konkurrenz auf Gebieten, die noch für längere Zeit spezifische Anforderungen an die europäische Produktionsweise stellen werden. Auch aus diesem Gesichtspunkte heraus wäre eine forzierte Umstellung der europäischen Industrie auf amerikanische Technik und Methode verhängnisvoll. Sie würde die europäische Industrie auf einem Gebiet zu stärken suchen, auf welchem ihre Absatzchancen geringer werden müssen und sie gleichzeitig durch die Mechanisierung und Schablonisierung der Erzeugung auf den Gebieten schwächen, denen auch über See noch die europäische Zukunft gehört.

Außerordentlich interessant ist, was Mr. E. T. Pickard, der Vorstand der Textilabteilung des U. S. Department of Commerce über „Die Stellung der Baumwollwaren im Export der Vereinigten Staaten“ im Manchester Guardian Commercial vom 20. August 1925, S. 185 ausgeführt hat. Er schreibt u. a.: „Die Fähigkeit der Vereinigten Staaten, Waren für fremde Märkte zu erzeugen, liegt in denjenigen Typen, die in Massen zu möglichst geringen Arbeitskosten erzeugt werden können. Kein Zweifel, daß für diese Waren ein sehr beträchtlicher Markt verbleiben wird. . . . Wir können wohl auch Stoffe herstellen, die unserer Standarderzeugung nicht entsprechen, aber nur zu Kosten, welche den Wettbewerb mit Ländern, deren Erzeugung auf einer differenzierteren Basis aufgebaut ist, ausschließen."

Vor allem aber ist noch daran zu erinnern, daß die Enteuropäisierungstendenz für die europäischen Märkte nicht oder jedenfalls nicht annähernd in dem Maße gilt wie für über See. Wir lassen hierbei die größere Abhängigkeit von überseeischen Nahrungsmitteln auf Grund des Fortfalls bzw. der Verminderung russischer, rumänischer und ungarischer Exportüberschüsse außer Betracht, da diese mit der speziellen Enteuropäisierung des Industrieweltmarkts nichts zu tun hat. Da freilich die europäischen Märkte in ihrem Handelsverkehr untereinander nicht einfach als Fabrikatimportmärkte anzusprechen sind (vor allem weil sie von der Zufuhr von Kohle und Erzen untereinander abhängig sind), so ist natürlich aus den Ziffern des Anteils europäischer Länder an der europäischen Einfuhr nicht ein exaktes Bild über die Beteiligung europäischer Industrie-Exporstaaten an der europäischen Industriewarenversorgung herzuleiten. Immerhin dienen folgende Ziffern dazu, zu zeigen, daß man bezüglich des Handels des wichtigsten Exportstaates der Welt auf dem Gebiet der industriellen Fabrikation, Englands, die Enteuropäisierungstendenz auf europäischem Gebiet nicht gleich jener auf überseeischem Gebiete erkennen kann. Es betrug der Anteil der Einfuhr aus England am Gesamthandel der einzelnen genannten Länder:

Länder	1913 %	1923 %	Länder	1913 %	1923 %
Holland	8,70	15,34	Ver. Staat. v. Amer.	16,30	10,66
Belgien	10,27	16,69	Canada	21,36	17,21
Frankreich	13,24	16,17	Südafrika	56,77	53,76
Schweiz	5,87	8,11	Neuseeland	61,08	51,93
Deutschland	8,13	9,06*)	Australien	52,37	51,93
Dänemark	15,73	20,05	Japan	14,71	12,29
Italien	16,23	12,73	Siam	21,55	16,42
Schweden	24,43	21,96	Argentinien	31,06	22,68
Norwegen	24,75	21,88	Brasilien	24,47	26,49
			Chile	30,02	23,09

*) 1924

Man möge bei diesen Ziffern wohl berücksichtigen, daß vielfach die Steigerung des Anteils der Einfuhr aus England teilweise auf die Minderung anderer europäischer Einfuhren, also nicht unbedingt auf das Nachlassen außereuropäischer, zurückzuführen ist. Aber andererseits ist der Kontrast zwischen den in der Mehrzahl überaus erheblichen Minderungen des englischen Prozentanteils an der Einfuhrziffer überseeischer Länder und dem überwiegend erheblichen Steigen des englischen Einfuhranteils in Europa doch groß genug, um die Annahme zu rechtfertigen, daß die Absatzlage in Europa von der Enteuropäisierungstendenz der überseeischen Industrieversorgung nicht oder zumindest nicht in gleicher Weise ergriffen worden ist. Die Entwicklung der Fabrikatexportziffern der Vereinigten Staaten, die wir an anderer Stelle gegeben haben, deuten auf das gleiche Resultat, indem sie eine Senkung des Anteils dieser Ausfuhr nach europäischen Gebieten zugunsten anderer Gebiete, mit Ausnahme Kanadas, zeigten. Unzweifelhaft bleibt also der europäische Markt eine starke Grundlage der europäischen Industrie. Um so mehr muß diese bedacht bleiben, bei allem Interesse für technischen Fortschritt, die im differenzierten Bedarf dieses Erdteils bestehende Eigenart nicht zu zerstören, — was bei einer Amerikanisierung der Industrie, die ohne Amerikanisierung des Bedarfs undenkbar ist, leicht geschehen könnte. Denn damit würde dann freilich den Amerikanern als den ersten auf dem Felde der Standardisierung und Typisierung das Eindringen in Europa erleichtert werden, während die Vernachlässigung der hochwertigen, noch relativ stark auf Handarbeit, individuellem Können, besonderen Dessins, künstlerischer Ausstattung und angewandter Wissenschaftlichkeit beruhenden Erzeugungen den europäischen Ländern gerade denjenigen Erfolg nehmen würde, der ihnen heute noch die überseeischen Märkte öffnet und sie ihnen auch bei wachsender Selbstversorgung der überseeischen Länder am ehesten zu erhalten vermag.

V. ZUSAMMENFASSUNG UND PERSPEKTIVEN

Es war unsere Aufgabe, die Lage des Weltmarktes von 1913 und heute im Zusammenhang mit der Desorganisation der Weltwirtschaft zu zeichnen, die Ursachen derselben aufzudecken und die Verschiebungen klarzulegen, welche sich im Kampf um die internationalen Absatzgebiete seit Friedenszeiten vollzogen haben.

Die erste Aufgabe war einfach. Die Abnahme des Welthandelsvolumens (im allgemeinen wie in speziellen Zweigen), die Arbeitslosigkeit in den einzelnen Ländern, die Stillegung von Fabriken und die Kurzarbeit, die internationale Teurung, die Zerrüttung der Währungsverhältnisse bei der Mehrzahl der Länder, das Aufliegen großer Teile der Welthandelsflotte bilden neben anderen, weniger bedeutsamen Tatsachen die Anzeichen für die desorganisierte Lage der Weltwirtschaft und des Weltmarkts. Hätte jemand im Jahre 1913, ja selbst noch im Jahre 1915 prophezeit, daß dieses das Bild der Weltwirtschaft nach zehn Jahren sein werde, man hätte ihn gewiß für einen hoffnungslosen Hypochonder gehalten, gleichzeitig aber die Folgerung abgeleitet, daß ein solcher Zustand geradezu die Vernichtung allen internationalen Reichtums bedeuten werde. Dies ist nicht der Fall gewesen. Merkwürdig und fast an die unmöglich scheinenden Leistungen im Kriege erinnernd ist es, daß die Weltwirtschaft trotz aller ihr gewordenen Einbrüche nicht so lahmgelegt erscheint, wie man es in normalen Zeiten angenommen hätte, in welchen im Vergleich zu heute minimale Preissteigerungen, geringfügige Absatzschwankungen oder sonstige Veränderungen im Verkehr der Länder miteinander größte Besorgnis auszulösen pflegten. Auch hier scheint es, daß wie im Leben des Menschen, so auch im Leben der Volkswirtschaften die Existenzenergie stärker ist als die von außen kommenden Erschütterungen.

Aber schon schwieriger war es, diesem Bilde die ursächlichen

Zusammenhänge beizufügen, welche die heutige Desorganisation der Weltwirtschaft bedingen.

Während des Krieges zerbrach man sich den Kopf über seine mutmaßlichen wirtschaftlichen Folgen. Günstiges erwarteten wohl nur wenige Heißsporne. Die Meinungen gingen dahin auseinander, daß die einen eine Verknappung der Versorgung nach dem Kriege auf Grund starker Nachfrage (geräumte Bestände, Warenheißhunger) der einzelnen Länder ebenso bestimmt erwarteten, wie andere auf Grund der stark gesteigerten industriellen Expansionsgehäuse eine nach einer Übergangszeit rasch wieder normal werdende Versorgung, ja sogar eine Überproduktion annahmen.

Nach unseren Ergebnissen möchte man fast sagen, daß beide Meinungen recht und unrecht behalten haben. Es hat unzweifelhaft seit dem Jahre vor dem Ausbruch des Weltkriegs das industrielle Expansionsgehäuse eine bedeutende Erweiterung erfahren. Die theoretische Kapazität in der Welt darf heute — ganz besonders auch auf Grund der starken Erweiterung der Selbstversorgung überseeischer Länder mit Industriewaren, dem gewaltigen Erstarken der amerikanischen, indischen, japanischen, australischen Erzeugung — beträchtlich höher eingeschätzt werden als vor dem Weltkriege. Dazu kommen Ersatzfabrikationen aller Art, Neuschaffung von Industrien in den neugebildeten Staaten, Fortschritte in der Technik der Erzeugung wie der gesteigerten Ersetzung von Kohle durch Wasserkraft und Elektrizität usw. Trotz allem und allem aber hat dieser Zustand nicht zu der erwarteten Übererzeugung und der daraus gefolgerten Verbilligung führen können.

Im Gegenteil. Das Bild der weltwirtschaftlichen Krisis wird durch eine Teuerung bezeichnet, deren Niveau an die Preisverhältnisse längst vergangener Zeit erinnert, die jedenfalls weit hinter der Entwicklung liegen, auf welcher die weltwirtschaftlichen Fortschritte der 90er Jahre und der ersten 14 Jahre des neuen Jahrhunderts aufgebaut waren. Diese Teuerung bei notorischem Ärmerwerden der Welt, also verringertem Weltbedarf an vielen Waren, und gleichzeitig vorhandener potentiell vergrößerter Erzeugung, gehört zu den Erscheinungen unserer Zeit, die zunächst völlig unklar sind. Man ist gewohnt aus vorhandener Steigerung der Erzeugungsmöglichkeiten und gleichzeitig rückläufigem Nachfragevolumen das Einsetzen einer Absatzkrisis mit Preisbaisse herzuleiten. Das Gegenteil ist heute der Fall. Ein erneuter Beweis, mit welcher Wucht die weltwirtschaftliche Desorganisation alle normaler Wirtschaftsweise entnommenen Gesetzmäßigkeiten abwirft und den Forscher vor neue und neu zu begründende Tatsachen stellt.

Der Zusammenhang, welcher sich aus dieser zunächst unklaren Lage ergab, war der folgende: Auf der heutigen Produktionsfähigkeit der Welt — ganz besonders auch auf der erweiterten über See — liegen hohe Kosten. In den alten Industrieländern sind es in erster Linie die folgenden: ungedeckte Ausgaben des Krieges, Schulden und Tributzahlungen, sowie aus dem Kriege herrührende Verpflichtungen gegenüber eigenen Bürgern, Invalidenrenten usw.; höhere Soziallasten als im Jahre 1913; — beide Kostenkomplexe werden durch Steuern und sonstige finanzielle Mittel abgetragen, belasten aber letzten Endes Einkommen, Besitz und Erzeugung und und müssen aus dem Preis der Waren wieder hereingeholt werden, wenn die Erzeugung aufrechterhalten werden soll; die schon hierdurch zu erhöhenden Preise verringern von neuem den Bedarf; der verringerte Bedarf wiederum bedeutet eine relative Erhöhung der Generalunkosten; die Erhöhung des Kapitalzinses gegenüber früher in den meisten der alten Industrieländer bedeutet eine weitere Belastung der Erzeugungskosten; desgleichen die Verkürzung der Arbeitszeit bei nicht entsprechend möglichem Ausgleich des Arbeitsausfalles; selbst also wenn man annimmt, daß die Kosten der Arbeit — ausgedrückt durch die Lohnhöhe — nicht über das durch die Steigerung der Lebenskosten bedingte Maß hinaus gestiegen sind, sondern sich sicherlich vielfach unterhalb dieses Niveaus bewegen, ergibt sich eine Belastung der industriellen Erzeugung von großer Tragweite. Bei den überseeischen Ländern wird man nicht alle jene Kostenbelastungen, immerhin aber ebenfalls eine Reihe von ihnen vorfinden. Die Erhöhung der Preise landwirtschaftlicher Maschinen, Geräte und ruraler Verbrauchsgegenstände steigern aber ferner die Kosten der extensiven Getreide- und Futtermittel- sowie der Fleischerzeugung; da aber eine große Zahl von überseeischen Industrien während des Krieges unter der Voraussetzung hoher Preise, also auch unter entsprechend hohen Kosten, entstanden oder erweitert worden ist, wird auch nach dem Kriege an Stelle der verbilligenden Einfuhr die Erhaltung des inneren Preisniveaus durch Zölle angestrebt, welche auf diese Weise die Produktionskosten der von diesen Erzeugnissen abhängigen landwirtschaftlichen und sonstigen Produzenten weiterhin hochhalten.

Diesen gesteigerten Kosten nun steht die ärmer gewordene Welt mit ihrer verminderten Kaufkraft gegenüber. Da auf die Dauer der Preis einer Ware nicht unter die Erzeugungskosten zu sinken vermag, so muß ein Ausgleich dieses Mißverhältnisses stattfinden. Dieses geschieht in der Landwirtschaft dadurch, daß die Anbauflächen verringert werden; in der Industrie durch eine Verringerung der Produktion; diese wiederum vollzieht sich entweder planmäßig durch eine gemeinsame Aktion der beteiligten Unternehmer oder sie kommt in der Produktionseinschränkung oder Stillegung der schwächsten Unternehmungen zum Ausdruck und dokumentiert sich dann durch Bankerott, Arbeitslosigkeit und Kurzarbeit. Wir sahen, daß das Tempo und der Grad der gegenseitigen Preisanpassung nicht überall der gleiche war. Es bilden sich zeitwillige Diskrepanzen zwischen Nahrungsmittelpreisen und Industriewarenpreisen und unter diesen selbst wiederum Preisscheren zwischen Halbfabrikaten, Fabrikaten und Detailpreisen. Aber allmählich vereinheitlicht sich die Linie überall. Die allgemeine Teuerung ist das endgültige Resultat, trotz der im Kriege übersteigerten industriellen Produktionsgehäuse, die nicht einfach „außer Anbau" gehen können. Nur die Seeschiffahrt mit ihren sinkenden Frachtraten macht eine Ausnahme. Man kann sich noch nicht entschließen, noch mehr Schiffe aufliegen zu lassen.

Die Folge dieser Verhältnisse, wie sie in der Teuerung ihr Spektrum finden, ist die Verengung des Weltmarkts für industrielle Erzeugungen. Sie wird durch zwei Umstände wesentlich verschärft. Erstens durch die in der modernen Weltwirtschaftsgeschichte unbekannte Währungszerrüttung. Diese hat nicht nur die unmittelbare Wirkung, die Ausfuhr der valutastarken Länder zu behindern, sie führt mittelbar zu Maßnahmen derselben, welche auf eine Verringerung der Einfuhr aus valutaschwachen Ländern abzielen. Zweitens bewirkt die nach dem Kriege überall einsetzende Politik des Protektionismus eine weitere Abschnürung gegenüber industrieller Wareneinfuhr.

Dieser Protektionismus kommt darin zum Ausdruck, daß der Eigenerzeugung durch besondere staatliche Maßnahmen, Privilegien, Steuervergünstigungen, Produktionsprämien (auch die Bevorzugung bei Submissionen spielt eine Rolle) und vor allem durch erhöhte Schutzzölle eine besondere Unterstüzung gegenüber der fremden Einfuhr gewährt werden soll. Es ist nicht zu verwundern, daß diese Welle der staatlichen Schutzpolitik über die heutige Weltwirtschaft geht. Sie entspricht nur der Desorganisation derselben. Verfolgt man die Geschichte der Handelspolitik der letzten 200 Jahre, so wird man konstatieren, daß alle freihändlerischen Tendenzen sich aus einer engeren Verflechtung der Wirtschaften miteinander ergaben. Mag man in der zweiten Hälfte des 19. Jahrhunderts zwischen einer freihändlerischen und schutzzöllnerischen Epoche unterscheiden, — beide sind im Vergleich zu dem merkantilistischen System des 18. Jahrhunderts „freihändlerisch“ gewesen. Die neomerkantilistische Eigenart jener zweiten Epoche tritt weit hinter dem zurück, was in dem Augenblicke eintrat, als die Weltwirtschaft desorganisiert, die internationale Arbeitsteilung durch Teuerung und Verarmung gelockert wurde. Fast alle Mittel der alten Merkantilpolitik kehren wieder: Einfuhr- und Ausfuhrverbote, hohe Zölle, Kontingentierungen der Einfuhr, Flaggendiskriminierung usw. Es zeigt sich in der Tat, wie sehr die freihändlerische Tendenz der Handelspolitik das Bestehen normaler wirtschaftsfriedlicher Verhältnisse voraussetzt und wie sehr ein Rückschritt der Weltwirtschaft auch eine Reaktion gegenüber dem Freihandel bedingt.

Der Nachkriegsprotektionismus zeigt wiederum besondere Nuancierungen. Hier erscheint er lediglich bedingt durch die Aufstachelung der nationalen Instinkte, die auf wirtschaftliche „Verselbständigung“ gerichtet sind, so besonders bei den neugegründeten Staaten in Europa. Dort rechtfertigt er sich durch die „Notwendigkeit“, im Kriege entstandene Erzeugungen nicht wieder fallen zu lassen, und stößt hier auf die schon lange bestehende schutzzöllnerische Einstellung der großen überseeischen Neuländer. Dabei sind auch hier Wechselwirkungen leicht zu erkennen. Die Verarmung Europas, stark beeinflußt durch die Verteuerung überseeischer Lebensmittel und Rohstoffe, zwingt zu einer Einschränkung überseeischer Bezüge, so weit dies angängig ist. Diese

Tendenz löst wiederum eine Verstärkung des überseeischen Bestrebens aus, einen größeren Teil der erzeugten Rohstoffe selbst zu verarbeiten. Das bedeutet zunächst wiederum erhöhte Schutzzölle, damit weitere Steigerung der heimischen Erzeugungskosten und der Konsumbelastung und damit auch wiederum erhöhte Kosten für den landwirtschaftlichen Erzeuger, womit der Kreislauf und die Schraube der weltwirtschaftlichen Verteuerung von neuem beginnt. Wenn heute z. B. in den Vereinigten Staaten berichtet wird, daß gewaltige Massen von Negern aus ihrer bisherigen landwirtschaftlichen Beschäftigung im Süden in die Industrien des Nordens abwandern (man schätzt die Zahl der nach dem Krieg bis 1923 abgewanderten Neger auf 500 000)[92]), so bedeutet das eine Schwächung des ländlichen Arbeiterangebots, was unbedingt in einer Erhöhung der ländlichen Löhne und der Kosten der Bewirtschaftung zum Ausdruck kommen muß. In dem Maße, wie sowohl die amerikanische Union wie Australien nach dem Kriege drakonische Maßnahmen gegen die Einwanderung erlassen haben, muß also die stärkere Industrialisierung die wirtschaftliche Lage der Landwirtschaft ungünstig beeinflussen.

Die Ursachen der heutigen Desorganisation der Weltwirtschaft und der durch sie herbeigeführten Ungunst der Weltmarktslage liegen also klar zutage. Sie sind alle bedingt durch Ereignisse und Entwicklungen, welche mit dem Weltkrieg zusammenhängen. Aber die Frage entsteht: inwieweit hat die Politik und Wirtschaftspolitik der Staaten, die weltwirtschaftlich interessiert sind, diese ungünstige Entwicklung verstärkt, inwieweit hätte sie die Möglichkeit gehabt, sie zu vermindern?

Unzweifelhaft hat beim Abschluß der „Friedens"verträge der weltwirtschaftliche Gesichtspunkt und die Rücksichtnahme auf den Weltmarkt eine höchst subalterne Rolle gespielt. Die „Sieger"staaten und ihre Schützlinge sahen jeder für sich in der Tatsache ihres Sieges einen so überragenden Vorteil gegenüber der übrigen Welt, daß wirtschaftliche Skrupel ausscheiden mußten. Koloniale Machterweiterung, territoriale Vergrößerung, die Vernichtung bisher gefürchteter Wettbewerber schienen wirtschaftliche Vorteile genug, um

92) Vgl. „Labour Supply in the South". American Cotton Number a. a. O. S. 31.

etwaige Schwierigkeiten im Funktionieren der internationalen Arbeitsteilung für die betreffenden Länder auszugleichen. Man glaubte an eine Krisis in den besiegten Ländern, nicht aber an eine chronische Weltwirtschaftskrisis. Erst allmählich hat sich zweierlei gezeigt: erstens daß man nicht große Wirtschaftsstaaten aus dem Zusammenarbeiten der Weltwirtschaft herauslösen kann, ohne die an der Weltwirtschaft beteiligten Gesamtstaaten zu schädigen. Zweitens: daß eine Reihe von ungünstigen Tatsachen, die man zunächst als Sonderbelastung der besiegten Länder betrachtete, auch zu Lasten der Siegerländer, ja aller Länder der Welt fallen. Diese Tatsachen zu beseitigen, wäre Aufgabe einer Politik der Staaten gewesen, die über den Rahmen ihres Sonderinteresses hinaus, wohl aber zu dessen mittelbarem Vorteil, die Verhütung einer Weltwirtschaftskrisis angestrebt hätten.

Grundlegend bleibt die Notwendigkeit, die weltwirtschaftlichen Erzeugungskosten wieder zu reduzieren. Dies kann teilweise dadurch geschehen, daß der wichtige Faktor der internationalen Verschuldung einer Revision unterworfen wird. Denn diese Verschuldung zugunsten eines neuen Gläubigerlandes, das einen großen Teil seines Reichtums thesauriert, ist vielleicht das Grundlegendste aller bestehenden weltwirtschaftlichen Übel. Sie muß sich immer wieder in den verschuldeten Ländern in neuen steuerlichen und finanziellen Belastungen auswirken, die letzten Endes die Produktion treffen und deren Erzeugungskosten erhöhen. Der Dawes-Plan ist von der Absicht beseelt, eine Bereinigung der Schuldverhältnisse zu erleichtern. Aber der politische Zwang, unter welchem er steht, läßt ihn nicht zu einer wirklich befriedigenden Lösung kommen. Im Gegenteil. Die Deutschland durch ihn aufgebürdeten Lasten zwingen dasselbe zu einer Steigerung der Erzeugung, zu einer Stimulierung seiner Ausfuhr, von der es zweifelhaft ist, ob sie augenblicklichen Bedürfnissen des Weltmarktes entspricht. Die Schwierigkeiten, den Absatz des übersteigerten Industriegehäuses der Welt zu lohnenden Preisen los zu werden, begegneten uns häufig genug. Die Übererzeugung in der Welt ist sowohl durch das Bestreben der neuen Staaten, sich möglichst alle Industrien der alten anzueignen, ebenso verstärkt worden, wie es durch das Streben des besiegten Deutschlands verstärkt werden muß, um jeden Preis das Verlorene wieder aufzubauen. So wünschenswert dieses Streben dort ist, wo es sich mit den Bedürfnissen der Weltwirtschaft im Einklang befindet, so gefährlich kann es werden, wenn es lediglich unter dem Druck politischer Verhältnisse erfolgt, wie es beim Dawes-Plan der Fall ist. Es ist durchaus verständlich, wenn die europäischen Wettbewerber Deutschlands die Erfüllung des Dawes-Abkommens als eine Gefahr wirtschaftlicher Art ansehen.[93])

Eine weitere Voraussetzung weltwirtschaftlicher Gesundung ist in dem Abbau des Schutzzollsystems zu erblicken, wie es sich als Folgeerscheinung des Weltkrieges so wesentlich verschärft hat. Dieser übersteigerte Protektionismus bedeutet nichts weiter, als daß die Tatsache des rückläufigen internationalen Warenaustausches, welche eine Ursache der Teuerung und der Produktionskostenerhöhung ist, noch besonders intensiviert wird. Schutzzölle bedeuten, soweit sie nicht reine Erziehungszölle sind, niemals eine Herabminderung der Erzeugungskosten, sie bedeuten im Gegenteil eine Versorgung des heimischen Marktes zu erhöhten Kosten. Damit verengt sich von neuem die Kaufkraft der Innenmärkte, damit sinkt von neuem die Kaufkraft gegenüber dem Weltmarkt. Wird aber die Position des Weltmarkts als Lieferant geschwächt, so sinkt auch automatisch dessen Stellung als Kunde. In dem Maß aber, wie ein jedes Land mit großer Bevölkerungsziffer heute Industriewaren exportieren muß, um zu bestehen, wirkt diese Tendenz auf lange Sicht zu seinem Schaden, wie groß auch im Augenblick und vom Standpunkt der „nationalen" Interessen der Vorteil des Schutzzolles erscheinen mag. Die Heraufsetzung (oder „Stabilisierung") der (hohen) Erzeugungskosten durch Schutzzölle bedeutet ebenso verminderte Import- wie gleichzeitig verminderte Exportfähigkeit[94]), also in jedem Falle weitere weltwirtschaftliche Schwächung.

Für die neuen Industrieländer aber bedeutet die übertriebene Hochschutzzollpolitik, wie wir schon andeuteten, einen schweren Eingriff in die Voraussetzungen und den Gang ihrer natürlichen Ent-

93) Im Balfour-Bericht heißt es auf S. 23: „. . . Die Wiederaufrichtung Deutschlands und seiner Industrie wird wahrscheinlich, so sehr sie Voraussetzung beträchtlicher Reparationszahlungen ist, den Wettbewerb für England in seiner Stärke außerordentlich steigern."

94) Vgl. u. a. die ausgezeichneten Ausführungen bei Sering a. a. O. S. 77.

wicklung. Denn bei der bestehenden Gesetzgebung gegen die Einwanderung bedeutet sie, daß Arbeit der ländlichen, des Schutzes nicht bedürftigen Beschäftigung entzogen wird, um sie der schutzbedürftigen Industrie zuzuwenden. Damit leidet hier ohne weiteres derjenige Zweig der Wirtschaft, der mit „niedrigen" Kosten arbeitet zugunsten dessen, der zu „höheren" Kosten produziert, als es den Bezugsmöglichkeiten auf dem Weltmarkt entsprechen würde, gewiß eine vom Standpunkt der nationalen Wirtschaft ebenso wie von dem der internationalen Wirtschaft unwirtschaftliche Verwendung von Arbeitskraft. So schreibt auch der Balfour-Bericht, der sich jeder politischen Stellungnahme strengstens enthält[95]): „Australiens Wachstum als Industrieland ist eine Frage der Produktionskosten, und es ist schwierig zu begreifen, wie ohne Lösung dieser Frage der Industrialisierungsprozeß weitergehen soll, es sei denn auf Kosten der landwirtschaftlichen und Weideinteressen."[96])

Der so notwendige Abbau des internationalen Protektionismus ist nur denkbar, wenn alle beteiligten Länder in einer gemeinsamen Konferenz zu einer Beratung hierüber zusammentreten, und wenn eine solche Konferenz der Wille beseelt, die weltwirtschaftlichen Schwierigkeiten der Gegenwart durch eine gemeinsame Aktion gegen die Absperrung zu erleichtern. Hier hätten vor allem die neugebildeten Staaten und Nachfolgestaaten eine wirtschaftliche Annäherung an diejenigen Gebiete zu suchen, mit denen sie früher verbunden waren und die heute noch wirtschaftsmäßig ihr Hinterland bilden oder bilden sollten. Hier hätte ferner eine Klärung in der allbritischen Zollpolitik zu erfolgen. Politische, zum Teil rein imperialistische Interessen verbieten es England, sich in die Hochschutzzollpolitik ihrer Kolonien einzumischen. Aus vielen Anzeichen freilich ist zu erkennen — siehe allein die obige Bemerkung des Balfour-Berichtes —, daß man in wirtschaftlichen Kreisen die Wirtschaftspolitik der Dominions mit großem Bedenken verfolgt. Man weiß zur Genüge in England, daß die koloniale Präferentialpolitik für den englischen Exporteur nur ein schwacher Trost bleibt, so

---

95) Vgl. Overseas Markets. S. 352.

96) Ganz ähnlich liest man im Economist vom 1. August 1925 über Südafrika S. 189: „. . . Die Lasten, wie sie jetzt sind (gemeint der Schutzzoll), werden auch weiterhin auf Bergbau und Landwirte fallen."

lange die Kolonien in ihren absoluten Zollskalen sich gerade gegen den englischen Wettbewerb richten oder, wie wir es bei Australien sahen, durch Sonderbestimmungen den englischen Veredelungsverkehr belasten. Man weiß wohl auch zur Genüge in England, welch einseitiges Geschenk eine Präferenzierung englischer Kolonien auf dem Lebensmittelmarkte des Mutterlandes wäre, — da die Dominions niemals durch gegenseitige Zollermäßigung ihre Industrie dem Wettbewerb Englands preisgeben würden. Andererseits haben gerade die von uns gegebenen Ziffern über den Anteil der englischen Ausfuhr am Gesamteinfuhrhandel der Länder gezeigt, daß heute die Tendenzen einer Steigerung weit günstiger in Europa erscheinen als anderwärts. England hätte also — als guter Kaufmann betrachtet — allen Grund, einer weiteren Verstärkung des Kolonialprotektionismus entgegenzutreten. Aber es fühlt sich durch imperialistische Imponderabilien von dieser Wirtschaftslinie abgelenkt. Immerhin könnten die übrigen Staaten Europas endlich den Grundsatz geltend machen, daß die kolonialen Präferentialzölle längst aufgehört haben, mit den früheren Vorzugszöllen kolonialer Gebiete vergleichbar zu sein und daß es vom Standpunkt der handelspolitischen Gerechtigkeit durchaus unangebracht ist, wenn England — wie im Handelsvertrag mit Deutschland — eine Meistbegünstigung für seine Dominien beansprucht, obschon diese den wichtigsten Wettbewerber auf ihren Märkten, England, präferenzieren dürfen. Eine so durchlöcherte Meistbegünstigung ist in der Tat keine mehr. Eine Weltwirtschaftskonferenz ist selbstverständlich auch gleichzeitig das berufene Organ, die Valutazerrüttung der Welt zu untersuchen und Vorschläge zur Behebung derselben an die währungsschwachen Länder zu machen.

Während leider von derartigen gemeinsamen Aktionen — trotz des wiederholten Rufes nach einer internationalen Wirtschaftskonferenz — wenig zu spüren ist, haben die einzelnen Staaten auf einem anderen Gebiete eine gemeinsame Regelung versucht, obschon diese weit eher zu einer Erhöhung als zu einer Minderung der industriellen Erzeugungskosten führen dürfte. Man ist bestrebt eine Internationalisierung des Achtstundentages auf Grund des Washingtoner Abkommens und der Bemühungen des internationalen Gewerkschaftsbundes herbeizuführen. Wir haben zur Frage des Achtstundentages bereits Stellung genommen. In einer Zeit allgemeinen Ärmerwerdens und außerordentlicher Belastung der Erzeugungskosten erscheint eine Maßnahme, die bei dem Fehlen von Ausgleichsmitteln, zu einer Verringerung der Arbeitsleistung, also einer Erhöhung der Produktionskosten, führen muß, mon vornherein nicht empfehlenswert. Der „internationale" Charakter der Aktion ändert hieran nichts. Nicht jede „internationale" Aktion verbürgt weltwirtschaftlichen Vorteil. Dieser tritt vielmehr nur dort ein, wo sich internationale Regelungen auf einer wirklichen Gleichartigkeit und Gemeinschaftlichkeit der Bedürfnisse aufbauen. Dies ist bei der Arbeit nicht der Fall. Sie ist je nach der wirtschaftlichen Eigenart der Länder differenziert je nach dem Lebenshabitus, dem Wohlstand, der natürlichen Veranlangung der Arbeiter verschieden geartet. Eine Internationalisierung bedeutet hier nicht eine Kodifizierung bereits bestehender Gleichheiten, sondern ein Gleichmachenwollen trotz entgegenstehender wirtschaftlicher Differenzierungen. Es bedeutet nichts anderes, wenn Arbeiterschaften unter völlig verschiedenen Arbeitsverhältnissen eine internationale Festlegung der Arbeitsbedingungen auf Grundlage der bestgestellten Arbeiter in der Welt verlangen wie etwa, wenn die Landwirte einen Zollschutz verlangen, um die Ungleichheiten der Erzeugungskosten zugunsten der teurer Produzierenden auszugleichen. In England hat unlängst ein Ausschuß der parlamentarischen Arbeiterpartei einen Bericht über das „sweating"-System verfaßt und ist dabei zu dem erstaunlichen Schluß gekommen, daß man die Definition dieses Wortes auf „alle Waren anwenden müsse, die nicht unter den Arbeitsbedingungen der Arbeitszeitkonvention von Washington hergestellt seien". Der Bericht verlangt zur Durchführung dieser Konvention die Anwendung des Boykotts gegen „sweated"-Waren. Mit anderen Worten, die englische Arbeiterschaft versucht unter Zuhilfenahme von Zwangsmitteln interstaatlicher Art den Standard der ihr vorschwebenden und für England bereits bestehenden Arbeitsbedingungen auf Länder auszudehnen, die auf Grund anderer, die Erzeugungskosten der Industrie minder belastenden Arbeitsbedingungen der englischen Industrie Konkurrenz machen können. Es handelt sich um kein anderes Prinzip als das der nationalen Schutzzölle und seine Anwendung durch Agrarinteressenten oder Industrieunternehmer. Nur, daß hier zum Schutze der heimischen Arbeit die internationale Maschine in Bewegung gesetzt werden muß.

Gemeinsam mit der internationalen Schutzzollpolitik hat die internationale Arbeiterpolitik die Ausschaltung der internationalen Konkurrenz, wie sie durch die Differenzierung der Völker und ihrer Fähigkeiten die Grundlage der arbeitsteiligen Weltwirtschaft bildet. Wären die europäischen Arbeiter nicht als Konsumenten von Nahrungsmitteln stark an den Freihandel gebunden, wer weiß, ob nicht auch sie dem Beispiel der australischen Kollegen folgen würden, deren Arbeiterpartei im November 1924 eine Resolution verfaßte, nach welcher geradezu „ein Embargo auf alle Einfuhren gelegt werden müsse, um den Schutzzoll in Australien wirksam zu machen". Die freihändlerische englische Arbeiterschaft sucht diesem „Embargo" dadurch näher zu kommen, daß sie auf Erweiterung sozialpolitischer Maßnahmen im Auslande dringt, um sich vor stärkerer Konkurrenz zu schützen. Es ist charakteristisch, daß nach einem unlängst von einem parlamentarischen Ausschuß der englischen Arbeiterpartei verfaßten Bericht alle Arbeit, welche nicht dem Achtstundentagabkommen von Washington unterworfen wird, als „Schwitz"arbeit (sweated) bezeichnet wird. Der Bericht schlägt vor[97]), Waren, die nicht unter den Arbeitszeitbedingungen des Washingtoner Abkommens verfertigt werden, auf internationalem Wege zu boykottieren. Ein neuer Beweis für die im Sinne künstlicher Hochhaltung der industriellen Erzeugungskosten — zugunsten der am teuersten arbeitenden Länder — eingestellte Protektionspolitik der Arbeiterschaft.

Der große englische Historiker Spencer Walpole sagt in seiner Geschichte Englands[98]), die lange vor dem Weltkrieg geschrieben wurde: „Krieg ist ein Zustand, bei welchem zwei oder mehrere Staaten den Versuch machen, sich möglichst großen Schaden zuzufügen. Er zerstört Leben. Er hindert Erzeugungen. Er vernichtet die Anhäufungen vergangener Jahre. Er verarmt die Nation, die in ihn verwickelt ist." Der wirkliche „Frieden" eines solchen Krieges Vieler gegen Viele kann nur geschaffen werden, wenn diese verhängnisvollen Wirkungen durch gemeinsame Opferwilligkeit besei-

97) Vgl. näheres im Economist vom 15. August 1925. S. 257—58.
98) Vgl. History of England. 1902. S. 327.

tigt werden. Bisher ist nach dem Weltkrieg der entgegengesetzte Weg beschritten worden. Es kam einem jeden Staat darauf an, die ihm gewordenen Schäden auf andere Staaten überzuwälzen, die Sieger auf die Besiegten und die Sieger untereinander auf die bestgestellten unter ihnen. An Stelle einer Behebung der Gesamtschäden, welche die Weltwirtschaft durch den Krieg erlitt, herrschte das Bestreben, diese Schäden möglichst auf andere zu isolieren und als Mittel hierzu dient der von uns geschilderte weitgehende Protektionismus. Was hiermit „erreicht" worden ist, zeigt der heutige Stand der Weltwirtschaft.

Es fragt sich, ob die in die Weltwirtschaft verflochtenen Länder eine andere, die entgegengesetzte Richtung einzuschlagen vermögen; ob sie sich allmählich bereitfinden werden, an Stelle der die Weltwirtschaft versperrenden Begrenzung durch hohe Zölle freihändlerische Tarife zu setzen, selbst wenn hier zunächst einzelne „nationale" Fortschritte bedroht erscheinen, diese Politik aber einzuschlagen, damit durch die Verstärkung des internationalen Wettbewerbes eine Reduzierung der Erzeugungskosten, eine Verbilligung der Waren und damit eine Steigerung des Absatzvolumens stattfinde; es fragt sich, ob die überseeischen Gebiete bereit sind, wenigstens einen Teil der ihnen so rasch zugefallenen kostspieligen Selbstversorgung zu opfern, um ihre landwirtschaftlichen und rohstofflichen Erzeugungen auf eine um so gesündere Basis zu stellen; es fragt sich, ob die Arbeiterschaften verschiedener Länder den Mut und die Selbsthingabe aufbringen, auf ihnen naheliegende, gewiß sozialpolitisch höchst erstrebenswerte Ziele zu verzichten, so lange diese zu einer gefährlichen Verteuerung der Erzeugung beitragen, die solange nicht haltbar ist, wie der Bedarf der Welt nicht wieder die Zeichen wachsenden Wohlstandes trägt; und es fragt sich letztens und erstens, ob die Staaten lernen können, daß man die unproduktiven Ausgaben des Weltkrieges nicht dadurch für die Siegerländer wirtschaftlich ausgleichen kann, daß man einen Teil der Welt mit Schulden belastet.

Man sage nicht, daß unter diesem Gesichtspunkt die Genesung der Weltwirtschaft nur „Opfer", nur Abbau erfordere. Es gibt Entwicklungen genug, die auch in positiver Weise den weltwirtschaftlichen Aufbau fördern können, die keinen „Verzicht" bedeuten. Dazu gehört alles, was das immer noch rührige englische Reich zur Erschließung seiner kolonialen Schätze, zur Förderung des Baumwollanbaues, der Bewässerung Ägyptens oder der Straßen- und Bahnbauten in Südafrika tut, eben wie jede neue, die Wirtschaft verbilligende Erfindung der alten Kulturländer. Gerade aber der Verzicht auf eine Politik, welche die Erzeugungskosten in der ganzen Welt erhöht, kann erst durch die Hebung des Bedarfs die wirtschaftliche Grundlage für die Anwendbarkeit neuer Verfahren und die Erschließung neuer Überseegebiets-Wirtschaften schaffen. Ohne eine Steigerung des Weltbedarfs, ohne eine Verringerung der allgemeinen Preisbildung und ohne den dadurch bedingten Wiederaufbau des ersparten Reichtums sind alle technischen Fortschritte in ihrer wirtschaftlichen Anwendung, in ihrer praktischen Rentabilität behindert. Findet aber auf Grund einer stärkeren Zunahme des internationalen Reichtums eine Steigerung des internationalen Warenbedarfes statt, so werden auch die von uns ausführlich gekennzeichneten Verschiebungen in der internationalen Wirtschaftskonkurrenz für die heute benachteiligten Länder ausgleichbar werden. Denn dieser Reichtumszuwachs wird ohne weiteres die verfeinerten Bedürfnisse lockern und heben, auf deren Befriedigung die Zukunft der alteuropäischen Wirtschaften gegenüber den überseeischen Neuländern liegt.

Alles in allem aber wird eine Gesundung der Weltwirtschaft und ein Wiederaufbau des Weltmarktes nur erfolgen können, wenn diejenigen Vorbedingungen der internationalen Produktion wiederhergestellt werden, auf deren Verletzung und Mißachtung die heutige Ungunst der weltwirtschaftlichen Lage beruht.

NACHWORT ZUM „SURVEY OF OVERSEAS MARKETS“

Am 28. Juli 1924 ernannte der damalige Premierminister Englands, J. Ramsay Macdonald, einen Ausschuß — Comittee on Industry and Trade —, dessen Obliegenheit es sein soll, die Lage und Aussichten des britischen Außenhandels zu untersuchen. Den Vorsitz dieses Ausschusses führte Sir Arthur Balfour; es gehörten demselben verschiedene bekannte Persönlichkeiten des politischen Lebens Englands an, darunter Sir Allan Smith, Sir Norman Hill, Sir Harry Goschen und zahlreiche andere. Der Ausschuß legte im Juni 1925 seinen ersten ausführlichen Bericht, der sich mit den Überseemärkten Englands befaßt, dem Parlament vor. Derselbe führt den Titel: „Survey of Overseas Markets“ (in unserer vorstehenden Arbeit abgekürzt als „Bericht über Überseemärkte“ oder einfach „Balfour-Bericht“); er umfaßt 740 Druckseiten.

Man kann nicht umhin, diesen Bericht eine Tat zu nennen. Mit Hilfe des englischen Board of Trade, welcher die statistischen Grundlagen lieferte, ist es dem Ausschuß gelungen, eine Untersuchung zu schaffen, die endlich die Verworrenheit der weltwirtschaftlichen Lage der Gegenwart in vielen Punkten aufhellt und vor allem für vieles, was bisher Annahme oder Wahrscheinlichkeit war, einen festen Boden gibt. Schon allein die gewaltige Arbeit der Umrechnung vieler internationaler Ziffern auf Goldbasis und 1913er Preise, die Berechnung des Anteils einzelner Länder am Gesamthandel anderer, die überaus sorgfältigen Berechnungen der Einfuhrzoll-Belastung für einzelne Ausfuhrwaren sind neben vielen anderen Tatsachen in diesem Bericht bewundernswert. Der Verfasser hat für seine Arbeit in diesem wertvollen Material eine Fülle von Ergebnissen und Beweismitteln gefunden und es liegt ihm daran, den Leser sowie den weiter Forschenden nachdrücklichst auf diese Quelle hinzuweisen. Dort, wo für statistische Angaben oder Zitate keine anderen Quellennachweise angeführt wurden, sind die Ergebnisse des Balfour-Berichtes als zugrunde gelegt anzusehen.

Es ist anzunehmen, daß dieser Bericht eine weite Verbreitung finden wird, zumal da es möglich gewesen ist, das umfangreiche Werk dem Publikum für nur 6 sh zur Verfügung zu stellen. Vielleicht liegt in dieser immer noch stärksten Popularisierungsmöglichkeit — denn auch in England wird nicht mehr soviel für Bücher ausgegeben wie früher — eine Absicht begründet. Wenn sich auch der Bericht, wie man überall bemerken kann, sehr bewußt von der so naheliegenden Stellungnahme zu diesem oder jenem Probleme fernhält, so bietet er doch eine Aufklärung, wie sie eben durch Tatsachen viel besser als durch Stellungnahmen zu bewirken ist. Die Tatsachen sprechen. Die Zerklüftung der Weltwirtschaft wird offenbar, und wer in der Lage ist, tiefer in jene Klüfte hineinzusehen, bemerkt auch die Ursachen und die treibenden Kräfte dieser Entwicklung nach dem Kriege. Hier und dort steht zwischen den Zeilen die Besorgnis vor weiterer willkürlicher Absperrung der Märkte gegeneinander, die Warnung vor einer Überspannung nationalistischer Ziele wirtschaftlicher Selbstversorgung. Dann auch wieder die Erkenntnis der eigenen Notwendigkeiten: „Wir haben unsere Meinung schon dahin geäußert, daß vom Allgemeininteresse des britischen Handelns aus unser Land von dem wirtschaftlichen Wiederaufbau Zentral-Europas gewinnen wird. Aber wir sollten nicht im Zweifel sein, daß dieser Glaube auf der vernünftigen Voraussetzung beruht, daß der britische Handel die Anpassungsfähigkeit an Verhältnisse finden wird, welche sicherlich größere Anforderungen an die Intelligenz und die Initiative unserer Fabrikanten und Geschäftsleute stellen." Wenn ein amtlicher Bericht mit solcher Offenheit zu seinen Landsleuten spricht, verdient es schon dadurch den Respekt und die genaueste Beachtung auch außerhalb seiner eigenen Nation.

Von Prof. Dr. H. Levy erschienen ferner:

DIE GRUNDLAGEN DER WELTWIRTSCHAFT

Eine Einführung in das internationale Wirtschaftsleben.

Geh. M. 5.—, geb. M. 7.—

Ein Wegweiser in die Zukunft der Weltwirtschaft, der ihre Struktur klarzulegen versucht, der die Stufungen der Volkswirtschaften, ihren Aufbau als Rohstoff- und Nahrungsmittelerzeuger, als Fabrikatland, Handels- und Schiffahrtsmacht zeigt, der die einzelnen weltwirtschaftlich wichtigen Produktionszweige, ihre Bedeutung und Zukunftsaussichten erörtert und den Einfluß der Wirtschaftspolitik der einzelnen Länder auf die Entwicklung der Weltwirtschaft behandelt.

VOLKSCHARAKTER UND WIRTSCHAFT

(Gewalten und Gestalten 3.)

(Erscheint Anfang Sommer 1926.)

Das Buch will den Aufgaben der Soziologie neue Wege weisen: Es gibt einen zusammenfassenden methodologischen Überblick über die Verschiedenheiten der internationalen Volkscharaktere und untersucht, inwieweit Charakteranlagen und -eigenschaften des wirtschaftenden Volkes für Entwicklung und Gestaltung der nationalen Einzelwirtschaften maßgebend gewesen sind. Gerade dieser Frage hat die zünftige Nationalökonomie bisher kaum Beachtung geschenkt in der überlieferten Meinung, daß alle Menschen mehr oder weniger wirtschaftlich von gleichen oder gleichzusetzenden Trieben beseelt seien. Der bekannte Verfasser zeigt die Reformbedürftigkeit dieser Anschauung auf und weist nach, daß die Struktur der heutigen Volkswirtschaft, die wirtschaftspolitischen Kämpfe und die Organisation von Arbeit und Kapital mit den Eigenheiten des nationalen Volkscharakters im engen Zusammenhang stehen.

DIE ENGLISCHE WIRTSCHAFT

(Handbuch der englisch-amerikanischen Kultur)

Kart. M. 3.60, geb. M. 4.80

„Das Buch liest sich nicht wie ein streng wissenschaftliches Fachwerk; die bekannte Schilderungskunst des hervorragenden Kenners englischen Geistes und englischer Kultur überrascht uns Seite für Seite mit immer neuen Kabinettstücken aus dem hochinteressanten Stoff Wer sich über das England von heute und seine Wirtschaftskraft eingehend und zuverlässig informieren will, dem sei das Buch Levys warm empfohlen"

(Allgemeine Deutsche Zeitung.)

DIE VEREINIGTEN STAATEN VON AMERIKA ALS WIRTSCHAFTSMACHT

Kart. M. 4.—

„Das Werk ist eins der besten Bücher, das man über Amerika überhaupt zu lesen bekommt. Auf 135 Seiten finden wir eine derartige Fülle von Angaben über Amerika, über das amerikanische Volk und seinen wirtschaftlichen Charakter, über alles das, was wirtschaftlich in Amerika wichtig und grundlegend ist, über die Industrie und ihre Probleme, über die wirtschaftstechnische Eigenart der amerikanischen Industrie, vor allem über das Trustwesen, über den Außenhandel und die Außenpolitik, über die Gesetzmäßigkeit und die Störungen im amerikanischen Wirtschaftsleben, daß man nur annehmen kann, daß hier jemand zum Leser spricht, der aus einer unendlichen Fülle von Kenntnissen und scharfen Beobachtungen heraus an dieses schwierige Problem herangegangen ist."

(Anzeiger für Berg-, Hütten- und Maschinenwesen.)

Verlag von B. G. Teubner in Leipzig und Berlin

Allgemeine Volkswirtschaftslehre. Von Geh. Oberreg.-Rat Prof. Dr. *W. Lexis.* 3. Aufl. Hrsg. von Prof. Dr. *K. Diehl.* (Kult. d. Gegenwart, hrsg. von Prof. *P. Hinneberg.* II, 10, 1.) [In Vorb. 1926.]

„... Es ist geradezu erstaunlich, wieviel an positiven Kenntnissen hier auf relativ beschränktem Raum dem Leser geboten wird. Dieses Werk bringt diese einzig dastehende Verbindung ungewöhnlichen theoretischen Scharfsinns mit souveräner Beherrschung das Tatsächlichen gleichsam potenziert zum Ausdruck." **(Jahrbuch für Gesetzgebung.)**

Grundzüge der Volkswirtschaftslehre. Von Dr. *W. Gelesnoff,* Prof. an der Landwirtschaftl. Akademie zu Moskau. Nach einer vom Verf. für die deutsche Ausgabe vorgenommenen Neubearbeitung des russ. Originals übers. von Dr. *E. Altschul* in Berlin-Grunewald. 2. Aufl. [In Vorber. 1926.]

„Gelesnoff führt in Form von Vorträgen in geradezu mustergültiger Weise in die Hauptgebiete unserer Wissenschaft ein. Der Stoff ist nach Auswahl und Ausmaß glücklich zusammengefaßt. Die Darstellung ist ebenso anregend wie allgemeinverständlich." **(Vergangenheit und Gegenwart:)**

Arbeitskunde. Grundlagen, Bedingungen und Ziele der wirtschaftlichen Arbeit. Unter Mitwirkung zahlreicher Fachleute hrsg. von Dr.-Ing. *J. Riedel.* Mit 32 Abb. im Text und auf 2 Tafeln. Geb. M. 15.—

Die vier Hauptteile behandeln: Die gegenwärtige Lage unseres Arbeitslebens in hygienischer, ethischer und wirtschaftlicher Beziehung, sowie ihre Vorgeschichte; die anatomischen, physiologischen und psychologischen Grundtatsachen der Arbeit; die Arbeitsgestaltung (als: Auswahl, Ausbildung, Erziehung, Arbeitsmittel, Arbeitszeit usw.); die Methoden der Arbeitsuntersuchung als Grundlage praktischer Maßnahmen.

„Das Buch bietet für ein grundlegendes Wirtschaftsproblem der Gegenwart so aktuelles und so vielseitiges Material, daß es zweifellos bald eine große Verbreitung finden wird." **(Magdeburgische Zeitung.**

Wirtschaftsgeschichte. Vom Ausgang der Antike bis zum Beginn des 19. Jahrhunderts. (Mittlere Wirtschaftsgeschichte.) Von Prof. Dr. *H. Sieveking.* (ANuG Bd. 577.) Kart. M. 2.—

Der Verfasser behandelt die den Ausklang der Antike darstellende Wirtschaft des byzantinischen Reiches, dann die abendländische, auf agrarischer Grundlage beruhende Wirtschaft, die mittelalterliche Stadtwirtschaft, die Ausdehnung der Stadtwirtschaft auf das ganze Land im staatlichen Merkantilismus, die Anfänge der freien Wirtschaft, die Kapitalbildung und den Übergang zur modernen Wirtschaft, um mit einem Ausblick auf die gegenwärtige Krise der Wirtschaftsorganisation zu schließen.

Deutschland in den weltgeschichtlichen Wandlungen des letzten Jahrhunderts. Von Prof. Dr. *Fr. Schnabel.* Mit 16 Bildnissen in Kupfertiefdruck. Geh. M. 7.—, in Ganzleinen M. 9.—

„Der Verfasser verbindet auf das glücklichste mit einer weitblickenden weltpolitischen Auffassung ein tiefdringendes Verständnis für die wirtschaftlichen, sozialen und geistigen Grundlagen und Bedingungen der Entwicklung. Dabei zeichnet sich die Darstellung durch strenge Objektivität aus und läßt die Tatsachen ohne jede Tendenz und Schönfärberei reden." **(Breslauer Zeitung.)**

Kultur und Sprache im neuen England. Von Prof. Dr. *H. Spies.* Geh. M. 6.—, geb. M. 8.—

Der erste Versuch einer Synthese der neuesten englischen Sprachentwicklung auf kultureller Grundlage. Hauptthemen der Darstellung sind: Weltstellung des Englischen. Art und Kraft des britischen Englisch. Einfluß des Weltkrieges auf die Sprache. Das Verhältnis von Staat, Gesellschaft und Individuum zur Sprache. Schönheit und Utilitarismus. Der Niederschlag des englischen Willens und Gefühlslebens in der englischen Sprache.

Japan und die Japaner. Eine Landeskunde. Von Dr. *K. Haushofer,* Prof. an der Universität München. Mit 11 Karten im Text u. auf 1 Tafel. [VI u. 166 S.] gr. 8. 1923. Kart. M. 3.80, geb. M. 4.60

„Eine Landeskunde von Japan, die in gemeinverständlicher, formvollendeter Sprache einen auf tiefgründigen Forschungen beruhenden Einblick in das Wesen des ostasiatischen Inselbogenreiches gewährt. Ein glänzendes Buch, das weit über den Augenblick hinaus von Wert bleiben wird." **(Hannoverscher Kurier)**

Verlag von B. G. Teubner in Leipzig und Berlin

Allgemeine Wirtschafts- und Verkehrsgeographie. Von Geh. Reg.-Rat Prof. Dr. *K. Sapper.* Mit 70 kartogr. und stat.-graph. Darstellungen. Geb. M. 12.—

„Hier ist wieder einmal ein Buch, das man restlos anerkennen und empfehlen muß. Ein Buch, das kein Berufenerer als Sapper hätte schreiben können, der selbst sowohl als Geograph, wie auch praktisch als Pflanzer und Kaufmann in Übersee tätig war und so das Wirtschaftsleben der Welt wie kaum ein anderer Fachgenosse kennt. Ein Werk von einer Frische und Ursprünglichkeit, die stets das Interesse wachhalten und die im Vorwort ausgesprochene Befürchtung leicht zerstreuen, daß das Buch nur dazu gut sei, um sich über diesen oder jenen Gegenstand zu unterrichten; man ist von Anfang bis zu Ende gefesselt."
(Mitteilg. d. Geographischen Gesellsch. München.)

Grundzüge der Länderkunde. Von Prof. Dr. *A. Hettner.* Bd. I: **Europa.** 3., verb. Aufl. Mit 4 Tafeln, 269 Kärtchen und Fig. im Text. Geh. M. 11.—, geb. M. 13.—. Bd. II: **Die außereuropäischen Erdteile.** 3. Aufl. [Ersch. Anf. 1926.]

„Dieses ist das Buch, auf das die Geographen seit Jahrzehnten warteten; eine knapp gefaßte, von einem einzigen Verfasser geschriebene und daher in ihren Teilen gleichartig alle wichtige geographische Literatur benutzende und weitgehend auf eigene Anschauung sich gründende Länderkunde aller außereuropäischen Erdteile in deutscher Sprache. Ein solches Buch, das berufen ist, die länderkundliche ‚Bibel' des deutschen Geographen zu werden, fehlte bisher. Aus jedem Satz spricht zum Leser die über der Sache stehende, vorsichtig abwägende, vom Gefühl höchster wissenschaftlicher Verantwortlichkeit getragene Persönlichkeit des Meisters."
(Zeitschrift für Geopolitik.)

Deutsche Handelspolitik. Ihre Geschichte, Ziele und Mittel. Eine Einführung von Prof. Dr. *Th. Plaut,* Geh. M. 6.—, geb. M. 8.—

„Das Wesentliche ist, daß sich das Buch mit allen aktuellen Fragen der Handelspolitik beschäftigt, so daß es für jeden Politiker und jeden Wirtschaftler ein wertvolles Rüstzeug darstellt, noch dazu, da es Plaut gelungen ist, die vielfach verworrenen Fäden zu einem übersichtlichen Gewebe zu verknüpfen." (Wirtschaftsdienst.)

Geschichte des deutschen Handels seit dem Ausgang des Mittelalters. Von Dir. Prof. Dr. *W. Langenbeck.* 2. Aufl. (ANuG Bd. 237.) Geb. M. 2.—

„Das gegebene Material ist sehr reichhaltig. Das Buch ist klar und gefällig geschrieben und eignet sich zur Lektüre für jeden Gebildeten." (Deutsche Handelsschullehrer-Zeitung.)

Geschichte des Welthandels. Von Direktor Dr. *M. G. Schmidt.* 4. Aufl. (ANuG Bd. 118.) Geb. M. 2.—

„Als tüchtiger Geograph und Historiker hat er in recht ansprechender Weise aus der gewaltigen Fülle des Stoffes in zweckmäßiger Gliederung ein Ganzes gestaltet, das, verbunden mit gesunder Kritik, den Eindruck nicht verfehlen wird." (Geographische Zeitschrift.)

Statistik. Von Oberverwaltungsrat Prof. Dr. *S. Schott.* 3. Aufl. (ANuG Bd. 442.) Geb. M. 2.—

„Der Versuch des Verfassers, ein gewaltiges Gebiet der Wissenschaft zum ersten Male in einen knappen Rahmen zu zwingen, ist als außerordentlich gelungen zu bezeichnen. Auf der gesicherten Grundlage einer solchen gedrängten ‚Statistik' wird jeder Gebildete den bewegenden Prinzipienfragen, die sich um den gesamten Wert dieser Wissenschaft erhoben haben, zuversichtlich und mit Verständnis nahetreten können. Ein ansprechender Stil und eine klare Disposition erleichtern noch die Verbreitung in weite Kreise, die wir dem Büchlein nur wünschen können." (Börsen- und Handels-Zeitung.)

Versicherungswesen. Von Prof. Dr. *A. Manes.* 3., neubearb. u. erw. Aufl. I. Band: **Allgemeine Versicherungslehre.** Geh. M. 5.—, geb. M. 6.—. II. Band: **Besondere Versicherungslehre.** Geh. M. 7.60. geb. M. 9.—

„Das Buch selbst bedarf keiner Empfehlung mehr; es ist längst für jeden, der mit dem Wesen, der Technik, dem Recht der vielgestaltigen Versicherung sich befassen will, zur unentbehrlichen Grundlage seines Studiums, zum nieversagenden Nachschlagewerk für alles geworden, was man sich sonst aus den mannigfaltigsten, z. T. entlegenen, z. T. ausländischen, jedenfalls aber schwer zugänglichen Quellen mühsam zusammensuchen müßte. Das Buch bedeutet aber noch mehr. Es ist eine wissenschaftliche Leistung großen Ranges."
(Juristische Wochenschrift.)

Verlag von B. G. Teubner in Leipzig und Berlin

In **Teubners Handbuch der Staats- und Wirtschaftskunde** (Abt. II Wirtschaftskunde) sind u. a. erschienen:

Bd. I, 2. Heft. **Die Entwicklung der Volkswirtschaft** und der volkswirtschaftlichen Lehrmeinungen. Von Prof. Dr. *H. Sieveking*. M. 1.80

Bd. I, 5. Heft. **Kartelle und Trusts.** Von Prof. Dr. *R. Liefmann*. **Planwirtschaft und Sozialisierung.** Von Prof. Dr. *A. Amonn*. **Genossenschaftswesen.** Von Staatssekretär a. D. Prof. Dr. *Müller*. **Arbeitsrecht.** Von Senatspräsident Dr. *H. Dersch*. **Lohnformen und Löhnungsmethoden.** Von Prof. Dr. *K. Bräuer*. M. 3.20.

Bd. II, 2. Heft. **Bergbau.** Von Bergrat Dr. *Arlt*. **Industrie und Industriepolitik.** Von Prof. Dr. *C. Koehne*. **Organisation der technischen Arbeit.** Von Ingenieur *O. Schulz-Mehrin*. M. 3.60.

Bd. II, 3. Heft. **Energiewirtschaft.** Von Prof. Dr.-Ing. *W. Pauer*. M. 1.80

Bd. II, 4. Heft. **Betriebswirtschaftslehre.** Von Prof. Dr. *E. Geldmacher*, Köln. M. —.75

Bd. II, 5. Heft. **Verkehrswesen und Verkehrspolitik.** Von Prof. Dr. Ing. *O. Blum*. **Handel und Handelspolitik.** Von Prof. Dr. *H. Sieveking*. **Bankwesen und Bankpolitik.** Von *W. Dreyfus*. **Geldwesen.** Von Prof. Dr. *K. Bräuer*. M. 6.—.

Die Entwicklung des deutschen Wirtschaftslebens im letzten Jahrhundert. Von Geh. Reg.-Rat Prof. Dr. *L. Pohle*. 5. Aufl. (ANuG Bd. 57.) Geb. M. 2.—

Die Großmächte und die Weltkrise. Von Prof. Dr. *R. Kjellén*. Kart. M. 4.—, geb. M. 5.—

Geschichte der Vereinigten Staaten von Amerika. Von Prof. Dr. *C. Brinkmann*. (Handbuch der engl.-amerik. Kultur.) Geh. M. 2.80, geb. M. 3.60

Geschichte der Vereinigten Staaten von Amerika. Von Prof. Dr. *E. Daenell*. Neu bearbeitet und weitergeführt von Dr. *A. Hasenclever*, Prof. a. d. Univ. Halle. 3. verb. Aufl. (ANuG Bd. 147.) Geb. M. 2.—

Sibirien u. seine wirtschaftl. Zukunft. Ein Rückblick und Ausblick auf Handel und Industrie Sibiriens. Von Prof. Dr. *P. W. Danckwortt*, (Quellen u. Studien d. Osteuropa-Inst. Breslau. VII, 2.) Geh. M. 3.—, geb. M. 4.—

Der Handelshafen Odessa. Von Dr. rer. pol. et phil. *O. Friebel*. Mit 14 Taf. (Quellen u. Studien d. Osteuropa-Inst. Breslau. VII, 1.) Kart. M. 2.—

Einführung in die Volkswirtschaftslehre. Geschichte, Theorie und Politik. Von Prof. Dr. *A. Sartorius Frhr. v. Waltershausen*. Geh. M. 3.40, geb. M. 4.80

Allgemeine Volkswirtschaftslehre. Von Prof. Dr. *R. Liefmann*. Kart. M. 2.80

Zeitgemäße Betriebswirtschaft. Von Dir. Dr.-Ing. *G. Peiseler*. I. Teil: Grundlagen. Geh. M. 3.60, geb. M. 5.—

Unsere Kohlen. Von Privatdoz. Bergassessor Dr. *P. Kukuk*. 3. verb. Aufl. Mit 55 Abb. i. Text u. 3 Taf. (ANuG Bd. 396.) Geb. M. 2.—

Geographisches Wörterbuch. I. Allgem. Erdkunde. Von Prof. Dr. *O. Kende*. Mit 81 Abb. im Text. (Teubners kl. Fachwörterb. Bd. 8.) Geb. M. 4.60

Verkehrsentwicklung in Deutschland seit 1800 (fortgeführt bis zur Gegenwart.) Von Geh. Hofrat Prof. Dr. *W. Lotz*. 4. Aufl. (ANuG Bd. 15.) Geb. M. 2.—

Handelswörterbuch. Von Handelsschuldirektor Dr. *V. Sittel* und Justizrat Dr. *M. Strauß*. Zugleich fünfsprach. Wörterbuch. Zusammengestellt von *V. Armhaus*, verpfl. Dolmetscher. (Teubners kl. Fachwörterb. Bd. 9.) Geb. M. 4.60

Wörterbuch der Warenkunde. Von Prof. Dr. *M. Pietsch*. (Teubners kl. Fachwörterbücher Bd. 3.) Geb. M. 4.60

Chemisches Wörterbuch. Von Prof. Dr. *H. Remy*. Mit 15 Abb. u. 5 Tab. (Teubners kleine Fachwörterbücher Bd. 10/11. In Pappband geb. M. 8.60, in Halbleinen M. 10.60

Kaufmännische Buchhalt. u. Bilanz. Von Dr. *P. Gerstner*. 4. Aufl. I. Teil: Allgemeine Buchhaltungs- u. Bilanzlehre. II. Teil: Buchhalterische Organisation. (Selbstkostenkontrollbuchführung.) (ANuG Bd. 506/507.) Geb. je M. 2.—

Einführung in die Finanzmathematik. V. Studienrat Dr. *Flechsenhaar*. (I. Vorb. 1926.)

Finanzmathematik. (Zinseszinsen-, Anleihe- und Kursrechnung.) Von Dr. *K. Herold*. (Math.-phys. Bibl. Bd. 56.) Kart M. 1.—

Mathematik des Geld- und Zahlungsverkehrs. Von Prof. Dr. *A. Loewy*. Geh. M. 6.20, geb. M. 7.20

Die Rechenmaschinen und das Maschinenrechnen. Von Oberreg.-Rat Dipl.-Ing. *K. Lenz*. Mit 42 Abb. im Text. 2. Aufl. Kart. M. 3.—

English Lessons. Von *W. Hübner* 2. Aufl. In Halbleinen M. 3.—, in Ganzleinen M. 3.60

Teubners kleine Sprachbücher

U. a. erschienen:

Leçons de français. Von *E. Madlung*. Kart. M. 2.80, geb. M. 3.40

Spanisch. Von *C. Dernehl*. 4. Aufl. Kart. M. 2.40

Italienisch. (Lezioni Italiane.) Von *A. Scanferlato*. I. Teil. 9. Aufl. Kart. M. 3.—, geb. M. 3.60 II. Teil. 4. Aufl. Kart. M. 2.80, geb. 3.20.

Fellers Taschenwörterbücher berücksichtigen außer den Wendungen des täglichen Lebens, insbesondere den Wortschatz des kaufmännischen und gewerblichen Verkehrs. Verzeichnisse vom Verlag erhältlich.

Verlag von B. G. Teubner in Leipzig und Berlin

GPSR Compliance

The European Union's (EU) General Product Safety Regulation (GPSR) is a set of rules that requires consumer products to be safe and our obligations to ensure this.

If you have any concerns about our products, you can contact us on ProductSafety@springernature.com

In case Publisher is established outside the EU, the EU authorized representative is:

Springer Nature Customer Service Center GmbH
Europaplatz 3
69115 Heidelberg, Germany

Batch number: 10815964

Printed by Printforce, the Netherlands